CONVERSANDO COM NOSSOS PARCEIROS INTERNOS

SÔNIA CAFÉ e ANNA LAPIN

CONVERSANDO COM NOSSOS PARCEIROS INTERNOS

Aprenda a se Relacionar com as
Várias Dimensões do seu Ser

EDITORA PENSAMENTO
São Paulo

Copyright © 2006 Anna Maria P. F. Lapin e Sônia D. Café.

Todos os direitos reservados. Nenhuma parte deste livro pode ser reproduzida ou usada de qualquer forma ou por qualquer meio, eletrônico ou mecânico, inclusive fotocópias, gravações ou sistema de armazenamento em banco de dados, sem permissão por escrito, exceto nos casos de trechos curtos citados em resenhas críticas ou artigos de revistas.

A Editora Pensamento-Cultrix Ltda. não se responsabiliza por eventuais mudanças ocorridas nos endereços convencionais ou eletrônicos citados neste livro.

Dados Internacionais de Catalogação na Publicação (CIP)
(Câmara Brasileira do Livro, SP, Brasil)

Café, Sônia
    Conversando com nossos parceiros internos : aprenda
a se relacionar com as várias dimensões do seu Ser / Sônia
Café e Anna Lapin. -- São Paulo : Pensamento, 2007.

    ISBN 978-85-315-1496-8

    1. Auto-ajuda - Técnicas 2. Psicologia I. Lapin, Anna.
II. Título.

07-3679   CDD-150

Índices para catálogo sistemático:
1. Psicologia 150

O primeiro número à esquerda indica a edição, ou reedição, desta obra. A primeira dezena
à direita indica o ano em que esta edição, ou reedição, foi publicada.

Edição	Ano
1-2-3-4-5-6-7-8-9-10-11	07-08-09-10-11-12-13-14

Direitos reservados
EDITORA PENSAMENTO-CULTRIX LTDA.
Rua Dr. Mário Vicente, 368 — 04270-000 — São Paulo, SP
Fone: 6166-9000 — Fax: 6166-9008
E-mail: pensamento@cultrix.com.br
http://www.pensamento-cultrix.com.br

AGRADECIMENTOS

A Sara Marriott, a nossa eterna gratidão, por ter sido um maravilhoso raio de luz em nossas vidas, instrutora amorosa e sábia e uma constante fonte de inspiração para a prática da Parceria Interior.

Ao Pi, ao Johnny, ao Michael, ao Al'Shebar, à Angelina, ao Henrique, à Blanche e à Hortense, queridos parceiros internos na Jornada Cósmica da Alma.

A Elizabeth de Gramoboy, Kitty Haasz, Moacir Amaral, Vera Furlan e Zelita Verzola, queridos amigos que se dispuseram a ler o manuscrito e a nos trazer suas valiosas colaborações.

Ao editor, Ricardo Riedel, e a toda a equipe editorial da Editora Pensamento-Cultrix — Denise Delela, Roseli S. Ferraz, Nilza Agua e equipe —, que com suas colaborações e parcerias tornaram possível a plena manifestação deste livro.

Eu, Anna Lapin, agradeço à Sônia pela amizade sincera e fraterna, e pelo apoio amoroso na minha busca e prática da Parceria Interior.

Eu, Sônia Café, agradeço à Anna pela presença inspiradora e amorosa no despertar da Parceria Interior que vive em mim.

À Vida Abundante e Eterna do Espírito de Luz e Amor que vibra em todos nós.

A fonte de energia e a lâmpada

Um dia, quando estava no meu momento de quietude, senti presente em minha consciência a eterna indagação: **Quem sou eu?** Embora essa pergunta já tivesse sido respondida de maneiras diferentes e em épocas diferentes da minha vida, havia em mim naquele dia uma sede de compreensão ainda maior, e a necessidade de que algo palpável e tangível emergisse de dentro do meu próprio ser.

Nesse dia, duas visões muito claras se apresentaram à minha consciência: primeiro vi uma lâmpada; em seguida, vi a **eletricidade** fluindo, atravessando vários **transformadores** e ficando cada vez mais potente à medida que se aproximava de uma **Fonte Original**. Observei como essa eletricidade era forte e poderosa em todo o seu trajeto e como estava sempre conectada àquela **Fonte** de onde tudo se originava. Notei, também, que apenas uma mínima parte dessa eletricidade chegava até a **lâmpada**. Nesse instante, escutei uma voz interior me dizer assim: **"Não é a lâmpada por si só que produz luz e calor, mas ela está construída de tal forma que a energia elétrica, quando chega ali dentro, possibilita que a luz e o calor se irradiem, quando a lâmpada está acesa".**

Compreendi, então, que o nosso corpo é como essa **lâmpada**, estruturado de maneira perfeita e orgânica para receber a magnífica **Energia Eletromagnética do Espírito**, nossa **Realidade** eterna e irradiante. Essa energia traz a sabedoria, a alegria, a segurança interior, a felicidade e o calor de um amor que cura. Como seres espirituais, a nossa **"Realidade"** é essa energia eletromagnética maravilhosa, e estamos atuando e existindo, simultaneamente, em diferentes **níveis de consciência**, eternamente conectados à **Fonte de toda a Criação** sem jamais, em tempo algum, nos separarmos dela.

Sara Marriott

SUMÁRIO

Prefácio 11

Introdução 15

CAPÍTULO I — Os Parceiros Internos 25

CAPÍTULO II — O Eu Consciente 31

CAPÍTULO III — O Eu Básico 66

CAPÍTULO IV — A Criança Interior 125

CAPÍTULO V — A Alma — O Eu Superior 146

CAPÍTULO VI — O Anjo como Parceiro 164

A Parceria Interior numa simultaneidade funcional
e sistêmica 181

Epílogo 183

PREFÁCIO

Conversando com Nossos Parceiros Internos é um livro que pretende organizar, de maneira simples e didática, fatos e fenômenos que ocorrem no inter-relacionamento das diferentes dimensões do nosso Ser. Referimo-nos a elas como "parceiros" que engendram experiências as quais, muitas vezes, consideramos acasos, coincidências ou até mesmo sorte. Essas experiências quase sempre nos surpreendem, fazem-nos sorrir e não costumam ser levadas a sério. Com essa atitude, acabamos por esquecê-las ao longo do tempo.

Neste livro, queremos fazer um tributo a Sara Marriott, que foi para nós uma mestra espiritual e uma instrutora maravilhosa. Seus ensinamentos sobre a comunicação com as dimensões do nosso Ser ajudaram-nos a perceber o jeito criativo com que essas dimensões "falam" conosco e como vão amorosamente nos orientando em nosso cotidiano, protegendo-nos e até mesmo ajudando-nos a salvar nossa vida.

Sônia Café, uma das autoras deste livro, conviveu durante 18 anos com Sara Marriot. Elas se encontraram pela primeira vez na Comunidade de Findhorn, no norte da Escócia, em 1981. Com a vinda de Sara para o Brasil, em 1984, Sônia tornou-se sua principal tradutora, acompanhando-a em entrevistas e palestras em muitas cidades do país. A convivência tornou-as muito próximas. Sônia começou a perceber a profundidade das relações existentes entre os diferentes níveis de nossa consciência e aprendeu a importância de incluir todos esses níveis no nosso Ser Total. Nosso Ser se manifesta em muitas dimensões e de diferentes modos; ele comunica-se conosco por meio dos vários níveis de nossa consciência. Sara, nossa querida amiga, era uma mestra na arte de promover essa comunicação. Ela relata suas experiências em seus livros, publicados pela Editora Pensamento.

Sônia levou esses ensinamentos para um pequeno grupo de pessoas que se propuseram a pesquisar e expandir esses conhecimentos. Com o passar do tempo, tudo foi se transformando, inúmeras experiências pessoais aconteceram e os estudos do grupo tornaram-se uma prática vivida com intensidade e repleta de confirmações. Passamos a chamar essas práticas dinâmicas de "Parceria Interior".

Durante os últimos 13 anos, Sônia e eu trabalhamos juntas no desenvolvimento da Parceria Interior. Nós a entendemos como uma relação amorosa e consciente com os nossos parceiros internos, aqueles que consideramos os representantes principais de cada uma das dimensões conhecidas de nosso Ser Total. Acreditamos que é possível e necessário compreender o mundo sutil que nos permeia. Acreditamos que o ser humano é dotado de um potencial muito maior do que aquele que se expressa na dimensão material e sabemos que aqueles que puderem acessar esse conhecimento dentro de si, poderão viver com a consciência clara de quem realmente são, transcendendo a materialidade, tornando a vida mais humana, agradável, amorosa e plena de possibilidades.

A Parceria Interior está presente em nossa vida o tempo todo, mas como não estamos conscientes dela, nossos olhos não a vêem, nem temos ouvidos para ouvi-la e muito menos podemos tocá-la; dessa maneira, pensamos que aquilo que não podemos perceber com os nossos sentidos mais conhecidos não existe; aí está a nossa grande dificuldade com o plano espiritual. Podemos, no entanto, perceber a Parceria Interior por meio de nossas intuições e ver a sincronicidade se manifestando; podemos perceber quando, em nossas interações, surgem revelações que só se explicam pela atuação da telepatia; e, antes de tudo, podemos perceber um campo invisível constante que cuida de nós e nos protege. É por esse caminho que vamos ao encontro da Parceria Interior.

Os parceiros internos atuam em duas dimensões: como parte da dimensão humana e como parte da dimensão divina do nosso Ser Total. Os parceiros aqui considerados são: o Eu Básico, a Criança Interior, o Eu Consciente, o Anjo e o Eu Superior.

Com este livro queremos chamar a atenção para o fato de que nunca estamos sozinhos. Contamos com a participação e a interação constantes dos níveis mais profundos de nossa consciência, aqueles a quem chamamos de parceiros interiores ou internos. Eles estão sempre dispostos a nos inspirar, a nos "cutucar" com intuições e a "acionar" os nossos instintos diante dos perigos, além de fazer algumas brincadeiras, pois o senso de humor é uma característica básica das dimensões mais elevadas do nosso Ser. Uma missão importante dos parceiros internos é nos ajudar a conhecer e a vivenciar cada uma de nossas dimensões, para que nos tornemos mais conscientes e mais responsáveis pela nossa vida.

Os parceiros internos são os representantes nucleares de cada nível de consciência que podemos acessar a partir dessa dimensão em que estamos vivendo. Muito do que acontece no nosso dia-a-dia é resultado da interação desses parceiros internos.

Ao longo deste livro, vamos dar muitos exemplos de como cada um dos parceiros se expressa e como cada um deles participa efetivamente de nossa vida.

Para que a experiência com os parceiros internos pudesse ficar mais consciente em nós, procuramos dar nomes para cada um deles. Isso tem um propósito didático, pois criando uma identidade própria para cada nível de consciência fica mais fácil diferenciar as diversas formas de expressão que ocorrem no campo da consciência e perceber o modo como interagem entre si. O que desejamos com este nosso trabalho é que todos possam conhecer a si mesmos e a multidimensionalidade em que transitam, percebendo com profundidade as inúmeras maneiras pelas quais o Ser único se expressa.

Anna Lapin

Introdução

A HUMANIDADE E O DESENVOLVIMENTO DA CONSCIÊNCIA

Conversando com Nossos Parceiros Internos tem como propósito esclarecer o que significa viver simultaneamente em vários níveis da consciência e nos ajudar a perceber esse fenômeno no nosso dia-a-dia. Vamos contar, de forma simples, como compreendemos e vivenciamos a Parceria Interior e revelar quem são os parceiros internos. Neste livro, eles são considerados os representantes de cada uma das dimensões de nossa consciência. O papel desses parceiros é nos ajudar a conhecer e experimentar cada um desses níveis de consciência, de acordo com nossa própria evolução.

Para compreendermos a experiência humana nas diversas dimensões da consciência, é necessário reconhecer que o ser humano não só evolui biologicamente, como raça, mas também se desenvolve no âmbito pessoal e transpessoal. Reconhecemos esse fato quando percebemos que somos muito mais que um corpo físico e que há muitos mistérios a serem sondados e revelados. Às vezes, essa percepção se dá quando crises existenciais se apresentam e o sentido de "eu" que conhecemos já não nos satisfaz. Nesses momentos, começamos a nos indagar: De onde viemos? Qual o nosso destino? Por que existimos, afinal? Que vida é essa que estamos levando?

A tentativa de responder a essas questões tem sido o tema central de algumas ciências e religiões deste planeta. Ninguém pode afirmar, com certeza, a razão de estarmos aqui ou qual seria a melhor maneira de vivermos.

O que sabemos é que temos evoluído de modo descontínuo e desigual nas várias partes do planeta, e que os seres humanos vivem em níveis de consciência variados. A evolução da humanidade como um todo está diretamente relacionada à evolução da consciência em cada ser humano e ao seu despertar para dimensões que incluam a sua totalidade. *Conversando com Nossos Parceiros Internos* pretende trazer uma modesta contribuição para que o leitor possa refletir por si mesmo e descobrir como é afetado por essas dimensões de consciência de modo a se tornar um Ser integral.

Uma reflexão preliminar sobre o significado do termo "parceria"

Nos últimos cinco milênios, vivemos, entre muitas outras coisas, a valorização da história, da tecnologia, da mente racional. Aprendemos a ver o mundo como se ele fosse uma máquina, funcionando como se estivesse dividido em dois: o superior e o inferior, o bem e o mal, o ser humano e a natureza. De modo cada vez mais intenso, acostumamo-nos a viver num mundo de marcadas dualidades.

Prevalece a crença de que o lado melhor e superior deve dominar e controlar o que é pior e inferior. Essa idéia de dominação foi gradativamente embotando a nossa capacidade amorosa e abrangente de travar relacionamentos com base na cooperação, na partilha e na interdependência. E, como conseqüência natural, esquecemo-nos também de reverenciar a beleza sagrada de um universo multifacetado e rico em diversidade.

A crença de que o superior deve dominar e se separar para criar harmonia e equilíbrio foi uma estratégia criada por nós e que nos serviu até uma certa etapa do nosso desenvolvimento como espécie; mas, se continuarmos enfatizando esse aspecto em nossas abordagens e interações com o mundo, acreditando que esse é e sempre será o procedimento correto, estaremos escolhendo o caminho da autodestruição. Isso vai ficando cada vez mais claro à medida que a era da informação revela diariamente fatos e acontecimentos sobre a verdadeira condição humana neste planeta. O que se sabe hoje certamente não se compara com o que sabíamos há cem anos atrás.

Se ponderarmos um pouco no silêncio da nossa consciência, com um sentimento de profunda reverência pela vida, veremos que, na verdade, tu-

A HUMANIDADE E O DESENVOLVIMENTO DA CONSCIÊNCIA ❖ 17

do que é supostamente superior jamais alardeia essa superioridade; entrega-se, isto sim, a um relacionamento significativo e amoroso com todas as partes do todo para criar harmonia e bem-estar. Nenhum "ser superior", ao manifestar seus atos criativos para o bem do Universo, gaba-se da superioridade do seu gesto. A maioria dos bens superiores que recebemos desses seres nos é concedida graciosa e anonimamente.

O que é verdadeiramente superior abarca e ao mesmo tempo transcende o que é supostamente inferior, sem nenhum sentimento de separatividade ou superioridade. Na nossa linguagem dual, poderemos até encontrar novas palavras para nomear o superior e o inferior, mas, nessa dimensão lingüística e semântica, vamos ficar diante da mesma questão, apenas com um rótulo novo. Sendo assim, não gostaríamos de negar a existência de conceitos que buscam definir o que é superior ou inferior, mas propomos, isto sim, uma experiência que nos leve a perceber a transcendência e inclusão dessa questão numa percepção mais abrangente da nossa consciência, e integrá-los num sistema de infinitas parcerias.

Vejamos um exemplo prático: suponhamos que você esteja na companhia de uma criança de 2 anos de idade, executando a tarefa de recolher, dobrar e guardar a roupa seca do varal. Dependendo do modo como você realiza essa tarefa, sua atitude poderá refletir a crença na dualidade "superior/inferior" ou poderá se basear na prática da parceria.

Caso cultive a crença nessa dualidade:

- Você poderá achar que uma criança de 2 anos não tem competência para dobrar roupas e, mesmo que você lhe permita dobrá-las, ela não fará isso da maneira correta, pois não sabe dobrá-las como um adulto.
- Você tenderá a não incluí-la na sua experiência porque "isso não é coisa de criança", "criança atrapalha em vez de ajudar", "crianças se entediam logo", etc.
- Subliminarmente, você poderá estar passando a seguinte mensagem para a criança: "Você depende de mim", "Eu sei mais do que você", "Sou mais capaz do que você", "Sou superior a você neste momento". E, assim, não haverá aprendizagem partilhada.

Entretanto, na prática da parceria:

- Você acredita que uma criança de 2 anos é um ser vivo e dinâmico, limitado apenas por um corpo biologicamente em desenvolvimento, mas que está sempre pronto a aprender com cada experiência, mesmo que ainda não possa formular isso verbalmente. Você olha para ela e vê todo o seu potencial de aprendizagem; assim, transforma o simples ato de dobrar a roupa seca do varal numa rica e mútua aprendizagem.
- Subliminarmente, você estará passando a seguinte mensagem para a criança: "Somos interdependentes e aprendemos a ser quem somos num relacionamento de parceria porque nos amamos e nos respeitamos". "Escolho incluir você nessa experiência porque é possível fazer isso neste momento e nestas circunstâncias e, principalmente, porque você é parte integrante da minha vida".

Você também já sabe que:

- Ela vai dobrar a roupa da melhor maneira que pode.
- Ela vai dobrar a roupa no ritmo e à maneira dela até quando for possível.
- Você não poderá comparar o modo como você mesmo dobra a roupa com o modo como ela dobra. Você apenas dará o exemplo vivo de sua qualidade ao dobrar roupas.
- Você irá se deleitar na partilha desse momento.
- Você vai estar aberto para aprender também com a criança e com tudo o que o momento presente pode lhes proporcionar.

A prática da parceria implica a ênfase em um relacionamento cooperativo e amoroso entre todos os seres que participam de uma única vida. Para ser parceiro é preciso querer cooperar, saber ouvir e atuar segundo princípios que afirmam que os opostos existem para se completarem mutuamente num novo estado de ser, e que estamos sempre refletindo no exterior o que está presente no interior de nossa consciência.

A experiência mais profunda da parceria é a união. Muitas vezes não percebemos que nos separamos do outro. Às vezes achamos que sabemos mais do que ele, às vezes nos sentimos incapazes diante dele. Em certas ocasiões nos recusamos a aprender algo novo, voltamo-nos para nós mesmos e perdemos a oportunidade de passar por novas aprendizagens. Ficamos com o que nos interessa e com o que já sabemos, e nos separamos de novos conhecimentos, de novos relacionamentos e, conseqüentemente, das outras pessoas. Exercitar a parceria é como fazer parte de uma viagem rumo ao desconhecido, sem crenças predefinidas; é experimentar o prazer de viver o novo, de conhecer a outra pessoa mais intimamente, sem julgamentos, sem comparações, sem críticas, sem acreditar que, para estar seguro, é preciso se separar das pessoas, como se essa fosse uma premissa inevitável.

Veja uma outra história que também exemplifica a prática da parceria:

Suzana era uma mãe extremamente cuidadosa com a alimentação dos filhos. Seu cuidado refletia o interesse que tinha pela saúde e pelo bem-estar deles. Naquele momento, ela vivia um desafio muito grande, pois não compreendia por que as crianças se recusavam a comer os alimentos saudáveis e naturais que ela preparava com carinho. As crianças insistiam em comer alimentos industrializados e aquilo feria profundamente os princípios de Suzana. Por que, diante de um alimento cuidadosamente preparado e saudável, as crianças preferiam os *fast foods* da televisão e recusavam ou tinham dificuldade para aceitar a preciosa dádiva que ela lhes oferecia? Suzana não conseguia entender isso e acrescentava: "Veja que coisa interessante: com o Paulo, meu marido, a coisa aconteceu de modo bem diferente. Eu simplesmente fui mostrando a ele no dia-a-dia como aquela alimentação estava fazendo bem para mim. Com o tempo, ele passou a experimentar e constatou o quanto se sentia bem depois de comer esse tipo de alimento. Hoje temos o mesmo tipo de alimentação. Mas com as crianças..."

Ao se ouvir dizendo isso, Suzana teve uma revelação, pois acabara de encontrar a resposta que buscava. Percebeu que sua atitude com as crianças havia se transformado numa sutil forma de dominação, em que premissas subjetivas estavam sendo afirmadas:

- Eu sei mais do que vocês o que é bom, portanto o que eu digo é lei.
- Vocês ainda não têm condições de decidir nem saber o que é bom para vocês, portanto devem seguir o que eu digo e faço.
- Não preciso consultá-los quanto a essa questão. A comida natural é a melhor para vocês, e tenho dito!
- Crianças não devem dar palpite com relação a esses assuntos. Os adultos sabem mais.

Enfim, todas as premissas não-verbalizadas, mas assumidas por meio de atitudes, eram captadas pelas crianças, que, de modo também sutil e não racional, reagiam como se estivessem querendo dizer:

- Mamãe, por que você não faz uma parceria conosco e tenta sentir o que estamos sentindo?
- Por que a sua atitude é apenas para confirmar a nossa impotência? Ao agir assim você bloqueia a possibilidade de nos conhecermos melhor e aprofundarmos ainda mais nosso relacionamento.
- Por que você não dialoga conosco e procura compreender os nossos pontos de vista?
- O que estamos pedindo, do nosso jeito, é: pare de nos considerar como seres que não podem participar e se tornar conscientes do que é melhor para si. A sua crença de que somos limitados é o que nos limita; é a isso que reagimos e não necessariamente à comida natural.

Suzana percebeu o quanto suas premissas estavam baseadas em crenças de dominação. Ela se deu conta de que as crianças estavam, na verdade, abertas para conversar e, principalmente, para descobrir novas possibilidades num universo rico em experiências. Ao permitir que elas fizessem uma escolha consciente e responsável, Suzana deu a elas a oportunidade de experimentar os alimentos não-naturais e, no tempo certo e por meio de uma experiência viva, perceber o que realmente queriam comer. Com a elevação do conflito para um ponto de transcendência e parceria, as crianças passaram a entender o verdadeiro valor de uma alimentação saudável.

O sentimento de Suzana, fundamentado na crença da dominação, refletiu-se na sua atitude de decidir de maneira unilateral o que era melhor para os filhos. Quando percebeu que podia chegar a uma harmonia maior partilhando opiniões e visões e sendo ela própria um exemplo dos benefícios da alimentação saudável, o caminho ficou mais claro. As crianças se sentiram mais respeitadas e livres para aprender a assumir as responsabilidades pelas suas escolhas.

Esse processo de experimentação e descoberta permitiu que as crianças escolhessem o melhor: a alimentação comprovadamente saudável que Suzana preparava com amor. Não havia mais imposição, mas uma decisão

A HUMANIDADE E O DESENVOLVIMENTO DA CONSCIÊNCIA ❖ 21

conscientemente compartilhada por parceiros que decidiram se respeitar, crescer e aprender juntos com toda a experiência.

Buscando meios para praticar a Parceria Interior

Quando estamos conscientes do exercício da parceria e o praticamos nas atividades diárias, sentimos uma leveza maior nos relacionamentos e, ao mesmo tempo, atraímos situações e experiências que têm a ver com a realidade que realmente queremos manifestar. A consciência da parceria desenvolve o espírito de cooperação entre todos os seres deste universo único e dinâmico. A cooperação é uma escolha comum para quem entende e vive o sentido de parceria.

Toda essa reflexão sobre parceria é um convite para que percebamos que ela dá a tônica para um novo tipo de relacionamento com nossos parceiros internos. Podemos criar uma nova dinâmica no modo como nos relacionamos com nós mesmos e com as dimensões internas de nosso Ser Integral. Em níveis mais profundos de consciência, somos como uma maravilhosa equipe de "eus", sempre dispostos a cooperar entre si. Praticar a Parceria Interior pode ser uma grande revelação; ela faz com que fiquemos cada vez mais conscientes de capacidades amorosas e profundamente sábias que são dons de todo ser humano.

A prática da Parceria Interior é um processo dinâmico que nos torna conscientes dos diferentes níveis de consciência em que estamos vivendo e fazendo experiências. Quando nos relacionamos de modo afetuoso e atento com esses parceiros, criamos um elo vital, ancorado numa realidade que só o amor expresso conscientemente pode criar.

Muitas vezes lemos ou aprendemos conceitos sobre partes internas do nosso ser e sobre os diferentes "eus" que compõem a nossa integridade. Mas conhecer ou formular conceitos nem sempre nos coloca na experiência direta e intransferível de viver, incorporar e aprender o que esses conceitos expressam. Entretanto, quando admitimos que temos parceiros internos, decidimos conhecê-los e lhes conferimos um significado simbólico, embora *afetivamente real*, passamos a criar uma realidade viva e pulsante. Cada momento conscientemente compartilhado com um ou mais parceiros internos corresponde a uma nova descoberta e a uma experiência de primeira mão. Isso nos coloca na condição de quem aprende por experiência própria e com a participação direta do coração; no campo da consciência, essa é a condição de quem decidiu prestar atenção à Parceria Interior.

Eis a seguir um exemplo simples que acontece cotidianamente e ilustra muito bem esse campo da consciência, em profunda interação com a totalidade do Ser:

Isabel seguia pela marginal de uma grande cidade. Sem nenhuma razão lógica ou informação concreta, ela "presta atenção" a um impulso interno que diz: mude de pista, siga um caminho diferente. Não houve tempo para questionar; Isabel simplesmente agiu segundo esse impulso. Só mais tarde ficou sabendo que teria enfrentado um tremendo engarrafamento por causa de um acidente na via de acesso que costumava usar para chegar ao trabalho.

A Parceria Interior é um convite a viver, de modo simples, direto e definitivo, o contato com as dimensões internas da consciência Una e Divina, onde existimos e ancoramos o nosso Ser.

O Eu Consciente como ponto de partida

Consideraremos o Eu Consciente como ponto de partida para nos tornarmos conscientes da dinâmica da Parceria Interior. Núcleo da nossa personalidade, ele se desenvolve por meio das nossas experiências pessoais, num determinado meio sociocultural e familiar, desde o nosso nascimento e ao longo de toda a nossa vida. O Eu Consciente é o que costumamos conhecer como nosso eu pessoal ou ego. Em geral, quando nos referimos a nós mesmos, falamos desse "eu", que assume o nosso nome de batismo. É ele que se relaciona com a realidade comum e cotidiana e precisa de uma representação oficial no mundo.

A Parceria Interior começa a ser percebida do ponto de vista do Eu Consciente, pois é com o despertar desse nível de consciência que todos os outros parceiros ficam mais evidentes para nós. A mais importante transformação que pode ocorrer numa pessoa consciente de si é a libertação das crenças e mandatos ligados ao Eu Consciente — a origem de todo o sofrimento. Quando isso acontece, ela passa a enxergar a sua verdadeira razão de existir, que é viver em sintonia com a visão e os valores sublimes da Alma.

Há milênios o Eu Consciente vem se desenvolvendo neste planeta, pois ele é o representante do nosso campo mental. No século passado, ele atingiu o máximo de sua racionalidade.

Para os filósofos, pensadores e sociólogos atuais, estamos na pós-modernidade, que se caracteriza pelo fim de um longo período de racionalidade sólida e dependente da forma e o início de uma realidade mais fluida e impermanente, condizente com o ritmo acelerado das mudanças. A razão é necessária. É dela que vem o conhecimento que nos ajuda a lidar com a realidade material deste mundo. Muitos filósofos falaram a respeito dos seus mecanismos, capazes de gerar expertise e competências que nos ajudam a lidar com a realidade e a cooperar uns com os outros, embora também possam estimular a competição.

A experiência humana é bastante interessante, pois há uma diversidade imensa nas aprendizagens vividas. Há seres humanos que ainda não passaram pelas experiências mais calcadas na razão; eles vivem mais a emoção e o comportamento de massa. Também há os que transcenderam certas condições limitantes do ego e da personalidade e vivem a experiência integral de seu Eu Superior. Ainda há outros que estão absolutamente mergulhados no mar da razão e da mente racional, orgulhosos de si mesmos. Estes estão voltados para a realidade mais ordinária, com seus valores, crenças, filosofias e tudo o que envolve a afirmação do mundo material.

Cada nível em que vivemos tem a sua própria visão do mundo e da realidade, com crenças, normas, valores e filosofias que fundamentam seus paradigmas e modos de pensar. Quando uma pessoa está vivendo uma determinada modalidade de vida, dentro de um certo nível de consciência e plataforma de conhecimento, tudo se ajusta àquele nível e confirma a veracidade desse tipo de vida. O paradigma fica tão fortalecido que dificilmente conseguimos sair dessa condição. Só quando surge uma situação emergencial ou um desafio inesperado que contradiz ou questiona essas crenças e visões de mundo, conseguimos sentir que algo precisa mudar definitivamente; a realidade se transforma e, quem sabe, se dissolve mais uma ilusão.

Muitos mestres de sabedoria têm nos advertido sobre essa ilusão, mas, enquanto não soltarmos as amarras de nosso Eu Consciente, vamos acreditar que estamos ancorados em segurança num porto seguro.

Quando falamos da Parceria Interior, estamos nos referindo às relações que se estabelecem entre os parceiros internos (o Eu Básico, a Criança Interior, a Alma e o Anjo) e o Eu Consciente, mesmo sendo este o menos desperto em nós, o mais resistente e o que é capaz de nos enganar e de nos fazer acreditar que já estamos livres. Ele acredita saber como a vida deveria ser. Esse é um paradoxo com o qual teremos de conviver. A prática da Parceria Interior é um instrumento que nos ajuda a acolher o nosso ego e com ele relacionar todos os outros parceiros internos.

A Parceria Interior nos permite fazer uma ponte entre a psicologia pessoal e a dimensão espiritual, para que aprendamos a lidar com a espiral evolutiva de nossa vida e alcancemos a Realidade, a origem de toda paz e felicidade.

A experiência espiritual está além das religiões, das crenças, dos dogmas e das doutrinas. Ela diz respeito ao verdadeiro sentido da liberdade e da luz e do amor como fontes de inspiração para a vida. É isso que faz com que a vida se desenvolva e se organize, crie-se e recrie-se, segundo a sabedoria do Ser Total.

Nossos parceiros internos vivem num arco-íris de níveis de consciência. Nos capítulos seguintes vamos apresentar cada um deles a partir de sua própria realidade e com suas características especiais, além de estudar com mais profundidade os relacionamentos que travam entre si.

CAPÍTULO I

OS PARCEIROS INTERNOS

"Você e o Universo são o *Sabor Único*. Sua Face
Original é o mais puro Vazio e, portanto,
cada vez que você se olha no espelho, está vendo
apenas o Kosmos inteiro."

— Ken Wilber, *A Brief History of Everything*

Sistemas dentro de sistemas...

Uma das descobertas mais importantes que podemos fazer, hoje e sempre, é que a nossa vida, em níveis físicos, emocionais, mentais e espirituais, organiza-se e revela-se como um complexo e maravilhoso sistema de parcerias — um sistema que está dentro e fora de nós mesmos, participando ativamente da nossa consciência. Como todo sistema é feito de partes, e cada parte em si mesma pode ser considerada um sistema dentro de um sistema, não há limites para as descobertas que podemos fazer sobre nós mesmos e sobre o Universo em que existimos.

É possível que o poeta Fernando Pessoa estivesse consciente dessa descoberta quando escreveu: "Para ser grande, sê inteiro, nada teu exagera ou exclui". [1]

---

1. "Para ser grande, sê inteiro: nada/ Teu exagera ou exclui./ Sê todo em cada coisa. Põe quanto és/ No mínimo que fazes./ Assim em cada lago a lua toda/ Brilha porque alta vive." (*Obra Poética*, Fernando Pessoa, volume único, Biblioteca Luso-Brasileira, Companhia Aguilar Editora, RJ, 1965.)

Acreditamos que o poeta esteja falando, em seus versos imortais, da Parceria Interior. Nós somos *grandes* — o infinito cabe dentro de nós. Por isso precisamos estar *inteiros*, sem nos fragmentarmos nas partes que nos compõem. Sem *exagerar* ou *excluir* nada do que somos.

Quando percebemos que somos grandes e inteiros, aprendemos a lição de que estamos conectados, interna e externamente, com tudo o que faz parte da vida.

Somos um ser divino vivendo num corpo humano, feito de elementos que pertencem à Terra. Ou se preferirmos um enunciado mais científico: somos um sistema de vida e consciência, que se relaciona com outros sistemas de vida e consciência, que, por sua vez, se organizam e trabalham juntos, de maneiras importantes e significativas, em algum ponto da Via Láctea ou, até mesmo, em outras galáxias. A nossa vida só tem sentido se ficarmos cada vez mais conscientes do belo e intricado tecido que tecemos juntos.

A Parceria Interior é um sistema composto de vários parceiros que, ao trabalhar juntos, concedem-nos a dádiva de sermos humanos e divinos ao mesmo tempo. Ao nos tornarmos conscientes dessa Parceria Interior, recuperamos a nossa grandeza. A cada parte desse todo demos o nome de "parceiro interno". São eles: o **Eu Consciente,** o **Eu Básico,** a **Criança Interior,** a **Alma/Eu Superior** e o **Anjo.**

Os parceiros internos formam um todo que é maior que a soma de suas partes. Ou seja, isoladamente nenhum deles faz de nós pessoas grandiosas e inteiras. Não convém enaltecer nem excluir qualquer um deles, pois todos são igualmente importantes e necessários. Basta vê-los pelo que realmente são e reconhecer o seu lugar na nossa integridade.

Acreditamos, portanto, que somos um Ser Total que se manifesta em vários níveis de consciência. Esses níveis são como sistemas dentro de sistemas, que se manifestam e se comportam diferentemente. Como uma totalidade composta de níveis que se intercomunicam simultaneamente, o nosso Ser tem a capacidade de transcender os níveis menos inclusivos e limitados e abarcá-los em níveis mais inclusivos e abrangentes da consciência.

O Eu Consciente

O Eu Consciente é o parceiro interno que mais gosta de aparecer. Às vezes, ele é chamado de ego, e sua importância e valor estão sempre acompanhados de grandes controvérsias. Há quem ache difícil chamar o ego de parceiro, porque ele é sempre egoísta e quer tudo só para si. Há lugares nos quais o ego é totalmente barrado por não ter maturidade suficiente. E, se prestarmos atenção, veremos que o ego nunca é personagem dos nossos sonhos. Enquanto a Alma sonha, imagina criativamente, intui e busca enviar mensagens importantes para o ego, ele invariavelmente dorme ou se distrai com detalhes sem muita importância. Isso acontece porque o ego é o único parceiro que precisa dormir e que pode ficar inconsciente de quem realmente é. É aí que surge o primeiro paradoxo da nossa existência, pois o Eu Consciente é o menos consciente do todo, mas é o que se relaciona com a parte da vida à qual damos mais importância na realidade cotidiana. Muitos acreditam que ele nunca desperta ou que demora muito para acordar, ou que vive numa espécie de sonolência ou, até mesmo, que não existe. Mas tudo isso só serve para fazer do ego o vilão dentre os parceiros internos, porque ele acaba negando a existência dos outros parceiros. Talvez essa seja uma estratégia sutil do próprio ego! Mas há uma saída para o seu egoísmo. Afinal, o ego é o Eu Consciente do nosso corpo na Terra, e é ele que, no dia-a-dia, responde às perguntas: "Quem está aí?" — "Eu", ele responde; "De quem é esse corpo?" — "Meu", ele acrescenta. O ego tende a dizer que tem um corpo físico, mas ele nem sempre está presente nele, embora isso seja muito necessário. Na maioria das vezes, ele ainda não sabe como se transformar num parceiro interno. Ele ainda precisa descobrir que faz parte da nossa totalidade, como uma identidade temporária, flexível e necessária para quem tem um corpo de carne e osso e uma belíssima e amorosa Alma, que quer fazer a mais bela experiência nesse planeta azul da Via Láctea. O ego é um parceiro, sim, e um componente essencial para quem está vivo. No momento certo e com as experiências necessárias, o ego se encontra com sua cara-metade, a Alma, numa alquimia misteriosa cujo deleite é indescritível.

O Eu Básico

O Eu Básico é um parceiro extraordinário! O que seria de nós sem ele? Esse parceiro administra todas as nossas funções corporais, guarda todas as nossas experiências em arquivos na memória, lembra direitinho do lugar onde esquecemos objetos, obedece a todos os nossos comandos e preserva com unhas e dentes todos os nossos hábitos. Mas há um detalhe importante na nossa relação com o Eu Básico: ele não raciocina, não distingue o certo do errado, o bom do ruim; ele obedece cegamente a qualquer coisa que digamos, sempre com o intuito de nos agradar. Vamos supor que façamos algo do mesmo jeito durante anos a fio, formando um hábito. De repente, descobrimos que aquele hábito (fumar, por exemplo) já não nos serve mais. Então, decidimos mudar. Logo veremos que o parceiro Eu Básico vai resistir com unhas e dentes à mudança, até que demonstremos, com muita clareza e sem conflitos internos, que é isso o que realmente queremos. Se, por exemplo, trouxermos à tona uma lembrança de como gostávamos desse hábito ou pensarmos nele (sem nos dar conta disso), o Eu Básico logo vai buscar nos arquivos da memória a sensação de falta, aumentando a nossa necessidade e despertando toda a força do hábito, para criar a idéia compulsiva de que vamos morrer se não fumarmos um cigarro. Ele é como o Ursinho Puff da nossa consciência: tem muita dificuldade para "pensar, pensar, pensar". Ele precisa profundamente da nossa clareza, da nossa decisão, do nosso amor. Senão, quando menos esperarmos, lá estaremos nós de volta ao velho e nocivo hábito. O parceiro Eu Básico, entretanto, é o que mais nos convida a perceber que somos um sistema complexo e interdependente, pois vamos "sentir na pele" os resultados de todos os sentimentos, pensamentos e ações que estão registrados, positiva ou negativamente, na nossa consciência. A consciência do Eu Básico está presente em cada célula, em cada átomo do nosso corpo. Na verdade, ele é o guardião de todos os nossos códigos de acesso à vida na matéria. Num certo sentido, ele é quem garante a permanência e continuidade sustentável de todos os corpos materiais em que vivemos.

A Criança Interior

Essa é a nossa parceira mais linda e mais cheia de graça, quando permitimos que venha e que passe, num doce balanço a caminho do Céu na Terra. A Criança Interior é o elo de conexão com a eterna fonte de juventude que existe em nós. Ela não se perdeu no nosso corpo que cresceu e se tornou adulto, nem se confundiu com os nossos bloqueios emocionais. Ela é a experiência eterna vivida pela Alma em nosso corpo, em nossa mente e em nosso coração, independentemente do que tenha acontecido com a nossa história pessoal. A Criança Interior vai sempre estar presente em nossos olhos, nos nossos gestos e na nossa alegria, toda vez que demonstrarmos uma capacidade incondicional de sermos inocentes diante da vida. Essa inocência não deve ser confundida com ingenuidade, nem com ignorância, mas entendida como aquele estado que foi enunciado por Jesus Cristo num dos trechos do livro sagrado dos cristãos: "Quem não voltar a ser criança, não conhecerá o reino dos Céus". A Criança Interior é o parceiro que nos conecta com esse estado de ser. Ela nos coloca diante da vida com uma confiança e inocência livres de preconceito, porque se comunica diretamente com a essência que existe em cada ser. A sua graça está presente em todo gesto espontâneo que manifestamos e pode ser vista e sentida no nosso sorriso de surpresa e alegria, em nossa gargalhada visceral, na nossa capacidade de descobrir o novo e aprender rapidamente. A Criança Interior é eterna porque ela não envelhece conosco, e a sua face está sempre contemplando a face de Deus.

A Alma

A Alma é a Parceira Interna que vê o todo e as partes simultaneamente. Ela é o antes, o agora e o depois. Para a Alma, tudo tem significado; ela se nutre dele. O pequeno é bonito e o grande, também; ela transcendeu a angústia da dualidade. A Alma não teme paradoxos, nem se assusta diante do desconhecido. Viver a vida com a perspectiva da Alma é como estar num avião, sobrevoando toda a região onde você quer chegar, vendo toda a paisagem, para então se aproximar do cantinho que você quer visitar. Ou, quem sabe, ser o astronauta que pode ver a Terra inteira, redonda e azul, e se sentir parte integrante do planeta. A Alma vê a vida por inteiro, na sua totalidade, sem exagerar ou excluir nada. Sendo simplesmente aquilo que é. O seu corpo é de luz, sua visão é multidimensionada e o seu amor é abundante e sábio. (Neste livro, usaremos os termos Alma e Eu Superior com um único significado e para designar o mesmo parceiro.)

O Anjo

O Anjo é o parceiro interno que está sempre por perto. Ele vê tudo o que se passa à nossa volta e nos protege de nós mesmos. Ele faz isso sem interferir nas nossas escolhas. Incrível, não? Isso acontece porque, ao nascermos, um Anjo presta o serviço voluntário de nos proteger de uma conhecida incapacidade de ver o todo com clareza; ele nos ajuda a não confundir as árvores com a floresta inteira. No desenho animado do personagem Mr. Magoo, o parceiro Anjo é aquela energia invisível e maravilhosa que sempre evita que Mr. Magoo faça besteiras maiores ou caia em fossos profundos. Mas, às vezes, o Anjo não consegue evitar a queda; então, ele nos acompanha até o fundo do poço, até que percebamos as escolhas que nos fizeram cair ali. Por isso, ele (ou ela, pois o Anjo pode ser uma presença feminina) está sempre presente, mesmo quando alguém diz que ele é uma fantasia de mentes infantis. Mas o Anjo não se importa com isso. Muito pelo contrário. Ele nos estimula a soltar todas as motivações engendradas pelo medo e a confiar no **Poder do Amor**. O Anjo tem um corpo de consciência e vê o mundo sem ser do mundo, através dos nossos olhos, quando nós lhe permitimos. Então, passamos a ver o mundo com o olhar de um Anjo. Ou deixamos o Anjo ver o mundo por nosso intermédio.

Essas são breves descrições dos componentes da nossa **Parceria Interior**. Acreditamos que eles formem uma unidade indivisível e interconectada que, se conscientizada, pode trazer muita qualidade e plenitude para nossa vida.

Praticar a Parceria Interior é uma das maneiras de se criar contextos para o Céu na Terra.

CAPÍTULO II

O EU CONSCIENTE

"A consciência não pode conter a imensidão da inocência;
está apta a recebê-la, mas não pode buscá-la nem
cultivá-la. A totalidade da consciência tem de se
aquietar, cessando todo desejo e toda busca.
Aquilo que não tem começo nem fim surge quando
a consciência silencia. Meditar é esvaziar a consciência,
não com o intuito de receber, mas para despojar-se
de toda finalidade. É preciso haver espaço para o silêncio,
não o espaço criado pelo pensamento e suas atividades, mas
aquele que vem por meio da negação e da
destruição, quando nada mais resta do pensamento
e suas projeções. Só no vazio ocorre a criação."

— J. Krishnamurti, *Diário de Krishnamurti*

O Parceiro na Tridimensionalidade

O Eu Consciente é a instância em nós que está mais consciente das três dimensões: matéria, tempo e espaço. Ao nascermos, mergulhamos no esquecimento de quem realmente somos para iniciarmos a noção de individualidade, de separatividade, e também para estarmos de acordo com a nossa experiência de vida neste mundo. Com essa missão, o Eu Consciente inicia seu processo de desenvolvimento construindo uma idéia de quem é e identificando-se com aquilo que criou para si mesmo, a partir dos contatos com o seu entorno e da sua situação socioeconômica e cultural. Ele é o corpo familiar que nos recebe e nos orienta naquilo que precisamos desenvolver para nos tornarmos conscientes de nosso mundo particular. Nesse começo, o Eu Consciente inicia seu desenvolvimento por meio do contato com aqueles que cuidam de nós. Somos apresentados a esta vida pela contingência familiar, por meio dos afetos, do acolhimento ou mesmo dos medos, entre outras emoções. É por meio desse campo tridimensional — matéria, tempo e espaço — que nos tornamos conscientes da nossa humanidade. É o princípio de uma longa viagem de volta à nossa origem divina.

Neste exato momento, você está consciente de ter este livro nas mãos, olhando para esta página, lendo estas linhas, entendendo ou não entendendo coisas, refletindo, fazendo associações; tudo, enfim, que você está apreendendo neste instante, com sua atenção focada, diz respeito ao parceiro interno a que chamamos Eu Consciente.

Como já dissemos, o Eu Consciente é a parte de nós mesmos que está **consciente** da tridimensionalidade, daquilo que está acontecendo no nosso entorno. Para ampliar essa consciência, teríamos de parar agora e nos perguntar: "Estou consciente do que se passa ao meu redor?", "Onde a minha atenção está focada agora?", "Percebo os sons, as cores, os detalhes do ambiente onde estou?", "Como está se sentindo o meu corpo na posição em que me encontro?", "Que emoções estou sentindo?", "Em que estou pensando?" e assim por diante.

Vivemos num campo de percepções que podem ser traduzidas em sensações, emoções, impressões cognitivas, intuições, conhecimento. Essas percepções ocupam o tempo e o espaço da mente consciente. Sabemos a respeito das coisas que estão à nossa volta — as pessoas, os acontecimentos, as cores, os sentimentos, as lembranças, nossas preferências e aversões, o que atraímos e o que rechaçamos. Podemos dizer que tudo isso é o que sabemos com a ajuda do parceiro Eu Consciente.

Até que possamos compreender que, na verdade, somos pura presença, livre de qualquer rótulo limitante, vamos acreditar que é o Eu Consciente que está no comando dos nossos atos, decisões e escolhas. Ele faz com que tudo que percebemos se torne um conhecimento comum e tudo à nossa volta seja destituído de mistério.

Para ele, vivemos numa realidade de pensamentos, conceitos e lembranças que nos fazem acreditar que realmente sabemos o que está acontecendo ao nosso redor. É muito difícil para o Eu Consciente manter o equilíbrio e, ao mesmo tempo, perceber que, na verdade, há muita coisa que ele não sabe: "Olhe lá! Há algo ali que ainda não sei! O que vou fazer agora?"

Entretanto, o que quer que estejamos percebendo amplia o campo da visão do Eu Consciente; quando ele percebe que todo conhecimento que pode reunir é como o piscar de uma estrela num universo misterioso, sua capacidade de aprender e de se relacionar com um todo maior se amplia e ele se transforma num parceiro ainda mais consciente de toda a nossa inteireza. E o que não estivermos percebendo conscientemente, estará sendo registrado pelo nosso subconsciente (Eu Básico) e pela nossa supraconsciência (Alma), que vê sempre o todo abrangente. Embora o Eu Consciente não seja capaz de perceber a Parceria Interior enquanto não estiver desperto, ela está presente em cada uma de suas ações, apoiando-o em tudo para que elas sejam bem-sucedidas.

A percepção do Eu Consciente é sempre localizada, restrita e seletiva. Ou seja, ele está sempre situado num tempo e num espaço determinado. Ele pode dizer que existe hoje, dia tal, de tal mês, de tal ano, a uma certa hora do dia ou da noite. Ele pode optar por se lembrar de fatos, acontecimentos, sensações, embora não seja ele quem armazena ou guarda a lembrança de acontecimentos passados. O Eu Consciente pode estar no presente, pensando num acontecimento do passado que o Eu Básico tenha guardado na memória. A função primordial desse nosso parceiro é ficar consciente, no eterno presente, do que quer que seja necessário para que possamos encontrar a nossa verdadeira identidade e saber quem realmente somos. Quando assim o fizermos, depois de um longo processo de crescimento, desenvolvimento e transformação, esse Eu Consciente será amorosamente acolhido pelo Ser Total, tornando-se luminoso e sábio, no mais pleno relacionamento com a vida.

Algumas das principais qualidades do Eu Consciente são a noção de tempo e de espaço num sentido linear. Nós nos condicionamos a essa realidade desde tenra idade, principalmente no Ocidente, onde o Eu Consciente se desenvolveu com muito mais força. No Ocidente, além de termos uma visão fragmentada da vida, também cultivamos de modo acentuado as noções de individualidade, separatividade, dualidade, polaridade, competitividade, assim como de julgamento, comparação e crítica. À medida que amadurece e se desenvolve conscientemente, o Eu Consciente se transforma em nosso adulto interior. Este é o processo mais importante para os seres humanos nesta experiência tridimensional: amadurecer e tornar-se um adulto consciente, preparado para realizar a tarefa que lhe compete nesta jornada da Alma.

O Eu Consciente é a dimensão da consciência com a qual estamos mais familiarizados. Ele é um componente essencial da identidade humana, pois é por intermédio da sua voz e expressão que nos distinguimos das pedras, das plantas e dos animais. É ele que nos dá a possibilidade de termos um corpo físico capaz de realizar maravilhas, e a mobilidade necessária para aprendermos as lições e fazermos as descobertas de que precisamos.

O Eu Consciente também é convocado quando precisamos exercer a nossa vontade e usar a nossa capacidade de concentrar a atenção numa tarefa, exercício ou brincadeira. Ele é o parceiro interno que aprende conscientemente e aplica as habilidades e capacidades de que precisamos para viver no tempo e no espaço, num corpo de carne e ossos, cuja intricada e extraordinária biologia é o resultado de milhões de anos de evolução aqui na Terra.

Entretanto, a sua maior competência está em perceber, dar atenção, pensar, aprender, elaborar raciocínios lógicos, deduzir, discernir, organizar, classificar, criar critérios, avaliar, selecionar e, principalmente, fazer escolhas com consciência, em cada momento da nossa vida. Esse parceiro interno é o nosso sentido pessoal de identidade; é ele que assume o nome que está na nossa carteira de identidade, assim como incorpora e cultiva os padrões culturais de crenças, hábitos e costumes de onde vivemos.

O Eu Consciente como Guardião do Pensamento

Como um centro de lógica, raciocínio e discernimento, o Eu Consciente é, em grande parte, o guardião do nosso poder de pensar e raciocinar. Quando esse poder é mal utilizado, expressando egoísmo e falta de consideração pelo outro, o Eu Consciente se transforma no ego, aquele que sempre assume o papel de vilão da história, sabotando e impedindo o nosso progresso como seres espirituais.

As razões que motivam esses fenômenos de sabotagem, engendrados pelo ego na jornada rumo à integridade do ser, estão presentes nas mais variadas civilizações e culturas e datam de muitos e muitos séculos.

Existem pelo menos duas maneiras de abordar o relacionamento com o ego. Ambas são muito conhecidas e, ao mesmo tempo, diametralmente opostas.

Por um lado, o ego é visto como uma instância a ser eliminada, como se fosse o dragão do mal, nosso maior inimigo na senda espiritual; portanto, uma identidade sem qualquer utilidade. A sua extinção, e não o seu desenvolvimento, é a proposta de muitas práticas espirituais e a sua meta final no caminho da auto-realização.

Por outro lado, a supervalorização do ego — e a necessidade incontrolável de atender a todas as suas necessidades — cria sociedades nas quais o interesse pessoal, a necessidade de tirar vantagem em tudo e a ênfase no lado material da vida estão acima de tudo. Daí advêm todos os impasses que ameaçam destruir o mundo.

O que temos visto e vivido, ao longo de milênios, é uma tendência constante de nos polarizarmos em uma dessas possibilidades. Ou valorizamos demais o ego, transformando-o num tirano separatista e preconceituoso, motivado pelo medo, pelo apego, pela possessividade e pelo desejo de controlar a realidade, e provocando com isso a arrogância, o reducionismo perceptivo e a guerra; ou o subestimamos completamente. Em conseqüência, tiramos os dois pés do chão e não conseguimos funcionar efetivamente neste mundo, nem discernir o que nos motiva a viver. Os resultados mais conhecidos dessa tendência, no nível psicológico, são a baixa auto-estima, a dependência doentia, as profundas inseguranças e os vícios de toda espécie.

Com a prática da Parceria Interior, o que se busca não é a *eliminação* do ego, mas um estado de *iluminação*, no qual o ego seja absorvido ou dissolvido em instâncias mais inclusivas do nosso Ser; ou seja, após um processo de percepção e integração dos diferentes níveis de consciência em que existimos, tornamo-nos aptos a reconhecer o correto significado das iniciações que a Alma atrai e cria. Essas iniciações correspondem a todas as experiências significativas do nosso dia-a-dia que nos transformam — as epifanias, os encontros, os desencontros, as mortes, os nascimentos, as uniões e os rompimentos, as perdas, enfim, todos os testes e desafios para os quais o ego, como todo guerreiro das jornadas míticas, precisa olhar de frente, para amadurecer e desenvolver o seu sentido único de identidade. Nessas jornadas de autodescoberta, o Eu Consciente é incluído nos processos de integração que a própria Alma manifesta, como parte de sua jornada pessoal, em dimensões humanas e divinas, materiais e espirituais. Uma vez conscientizado dessas iniciações e de seus significados, o ego poderá enfim se entregar e se dissolver num sentido de Ser que abarca a sua humanidade e divindade sem divisões.

No mundo pós-moderno, tudo o que acontece em todas as esferas da evolução consciente da humanidade está nos levando a despertar para o fato de que é cada vez mais necessário chegarmos a um ponto de síntese e integração, muito além das nossas questões egóicas. Estamos sendo convidados a perceber como estamos interconectados e funcionamos de modo interdependente, e como afetamos uns aos outros com cada pensamento, intenção e emoção criados por nós. O mesmo está acontecendo com os diferentes níveis da nossa consciência: estamos sendo levados à prática da Parceria Interior. E é nessa dimensão que chamamos de Eu Consciente que precisa acontecer a maior transformação, pois precisamos nos reconhecer como um Ser Integral, não mais limitado pela percepção fragmentada do ego.

O que faz com que o ego seja a dimensão da consciência onde ocorrem os maiores mal-entendidos no processo de fazer a Parceria é o fato de ser ele quem centraliza o pensamento lógico e racional. O pensamento é a ferramenta mais utilizada pelo Eu Consciente, mas ela nem sempre é utilizada de maneira amorosa e equilibrada. Afinal, quem pode garantir que um eu, condicionado historicamente para pensar em si mesmo e nos seus próprios interesses, perceba sempre a sua interconexão com um todo abrangente? Na maioria das vezes, essa realidade lhe parece muito assustadora.

A evolução de um eu separado em nossa personalidade coincide com a evolução do pensamento e com uma complexa rede de conexões criadas, pelo pensamento, na realidade objetiva e tridimensional. Cientistas como David Bohm e sábios como Krishnamurti afirmam que o pensamento mal compreendido e mal utilizado é o grande mal que levou à atual crise da humanidade, em quase todas as suas facetas. Por meio do pensamento, criamos e definimos as idéias, as instituições e os valores que orientam nossos atos.

No mundo físico e sensorial, o pensamento é **invisível** aos olhos. Não é possível ver o que uma pessoa está pensando assim como podemos ver o que ela está fazendo com o corpo ou perceber o que está sentindo, se atentamos para os seus gestos e expressões. Por exemplo, se estamos aprendendo a fazer uma acrobacia com o corpo, logo teremos uma resposta de como estamos nos saindo. Se cairmos ou se formos bem-sucedidos, todos poderão ver. Com a emoção é quase a mesma coisa: quando nos emocionamos, todos podem ver se estamos alegres ou tristes, irados ou calmos, contidos ou extrovertidos. Há sempre um modo de deixar transparecer nossas emoções: o nosso rosto poderá enrubescer ou perder a cor, nossos olhos poderão brilhar, podemos até perder o controle e, como se diz popularmente, meter os pés pelas mãos.

Por mais mirabolantes ou inspirados que sejam nossos pensamentos, não temos essa resposta imediata e visível quando estamos elaborando idéias ou refletindo sobre algum tema. Quem pode ver o que estamos pensando? Talvez alguns, talvez quando estamos lendo um livro possamos ver os pensamentos do autor. Deve ser por essa visibilidade que muitos temem escrever seus pensamentos; as palavras faladas não comprometem tanto, pois logo são esquecidas, mas as escritas perduram.

A mente consciente constrói a realidade que está ao nosso redor e afeta a vida que vivemos. É interessante perceber que somos responsáveis por tudo o que pensamos e pelos campos vibratórios que criamos com nossos pensamentos, idéias e sentimentos, juntamente com todas as outras pessoas que fazem parte dele. Podemos pensar, por exemplo, que o povo, a linguagem, a culinária, o sotaque e outras características de um Estado do Brasil são os elementos que compõem o seu campo vibratório. Isso significa que as peculiaridades presentes são produto das mentes, das formas-pensamento e dos modelos mentais mantidos por todos os que participam desse mesmo campo. Do mesmo modo, podemos pensar nos campos de cada país do planeta e, por fim, no planeta como um todo. É por meio do Eu Consciente que o pensamento se revela e se articula em palavras e conceitos que expressam o que está na nossa mente e que tem ajudado a co-criar o mundo em que vivemos.

Nas tradições orientais, o ego é considerado um grande vilão a ser eliminado. No Ocidente, isso significaria destruir toda a cultura e todo o conhecimento racional acumulados ao longo do tempo. Para nós, qualquer tentativa de eliminar ou destruir o ego é resultado do pensamento linear, o modelo que a cultura ocidental adotou para a sobrevivência. Queremos deixar claro, porém, que essa maneira lógica, racional, formal, ordenada e normativa de pensar foi essencial para o desenvolvimento da ciência e da tecnologia, além de estar na base da concepção de todas as formas de instituições.

Hoje sofremos com o fato de esse modelo estar nos destruindo, pois ele é fragmentado, separatista e competitivo; os que conhecem bem as regras do jogo são bem-sucedidos, os outros são excluídos. Somos educados para nos dar bem nesse jogo. Aqueles que não têm acesso a um nível superior de educação ficam fadados à marginalidade, ao embrutecimento, à sobrevivência instintiva e têm dificuldade de lidar com esse mundo complexo. Para sermos bons competidores, precisamos ser mestres na dialética racional, ter eloqüência e conhecimento de inúmeras matérias. A maneira como olhamos para tudo que é vivo está condicionada a essa forma de pensar, que nos impede de sermos livres.

Humberto Mariotti, em seu livro *As Paixões do Ego* (Editora Palas Athena, p. 28), fala muito bem a respeito do modelo linear de pensamento quando diz, "Continuaremos incorrendo no engano de seguir denominando de desenvolvimento humano o que na realidade é um adestramento para a competição predatória".

O que podemos fazer quando percebemos que o nosso modo de pensar está nos limitando? O que podemos fazer para que o nosso pensamento, um extraordinário poder criativo que mal conhecemos, seja um instrumento importante para a cura de muitos dos nossos males? Por que o pensamento é tão importante na parceria do Eu Consciente com o Eu Básico? Procuraremos responder a essas indagações ao longo deste livro.

Para ampliarmos a nossa consciência precisamos sair das bases do raciocínio linear e ir além da mente racional. Para tanto, têm surgido algumas novas abordagens e muitos as têm usado. Já está se tornando comum encontrarmos textos que falem desse assunto. O pensamento sistêmico, por exemplo, é uma forma de perceber como tudo está interconectado e inter-relacionado. Saímos da relação causa e efeito para uma noção de rede, que estabelece quais são os pontos de conexão entre todos. A Internet, por ser uma intricada e imensa rede, é o grande exemplo dessa maneira de pensar.

Não poderíamos ter chegado à concepção da rede só com o pensamento binário zero-um dos primeiros computadores. Houve um salto quântico que fez Tim Berners-Lee criar as interconexões; esse salto quântico fez, inclusive, com que ele abdicasse dos direitos de sua descoberta. Ele mesmo diz que, se tivesse registrado a patente de sua invenção, tudo ficaria tão caro para os internautas que a Internet não teria se expandido da maneira como se expandiu. Graças à sua generosidade e ao seu desapego, hoje podemos comemorar essa descoberta em nosso cotidiano. Estamos dentro do pensamento sistêmico quando acionamos a rede. Isso nos dá a noção holística da vida, a percepção de que pertencemos a um universo cada vez mais amplo, de que somos hólons dentro de hólons, dentro de hólons... até alcançarmos o infinito, o Absoluto, como nos fala Ken Wilber, grande pensador contemporâneo.

O Eu Consciente e o Poder da Escolha

O Eu Consciente também está ligado ao uso da vontade e do livre-arbítrio. Ele nos faz dirigir a atenção para um determinado evento em resposta a sentimentos e pensamentos. É nessa dimensão de nossa consciência que exercemos o poder de tomar decisões e de escolher como vamos responder e reagir às experiências da vida. Determinação e atenção sustentadas são experiências vividas com o Eu Consciente, que pode escolher incluir ou excluir coisas do nosso campo de atenção, reduzir ou ampliar a consciência, a partir do que decidimos fazer. A atenção focada mais na energia mental e emocional que manifestamos dependem das nossas experiências cotidianas. Elas podem ter um caráter positivo ou negativo, dependendo do modo como escolhemos utilizar a energia vital (neutra e impessoal) que flui através de nós e vitaliza o que pensamos. Se o nosso pensamento se tornar uma ação automatizada, para a qual já não mais atentamos conscientemente, o Eu Básico passa a assumi-lo. Ou seja, todas as vezes que a nossa atenção é usada para criar o mesmo pensamento, mais força esse pensamento ganha. Se a nossa atenção consciente abandona esse pensamento já fortalecido pelo hábito, mais automático ele se torna e menos poder consciente exercemos sobre ele. O Eu Consciente deixa de usar a vontade e, se estivermos reforçando alguma crença ou algum padrão de comportamento negativo, o Eu Básico entrará em cena e criará situações desafiantes para a nossa vida.

O uso da vontade, por parte do Eu Consciente, não deveria exigir esforço. Tudo o que ele precisaria fazer é voltar a atenção consciente para o que quer criar verdadeiramente. A mente consciente tem a capacidade de programar ou estabelecer o padrão de reações e respostas. A atenção consciente é uma questão de escolha. A atenção num nível subconsciente é uma questão de hábito. A mente consciente foca a atenção em alguma coisa presente no aqui e agora. A mente subconsciente trata o foco da atenção como um evento e retém a memória dele, como se fosse um biocomputador. A mente supraconsciente usa essa memória como um padrão ou uma matriz, a partir da qual poderá criar ou atrair uma experiência equivalente no plano físico. Essa experiência deverá ser instrutiva e retroalimentar a vivência humana e espiritual do nosso Ser Integral.

No momento em que prestamos atenção ou focalizamos a nossa energia em alguma coisa, nós automaticamente a influenciamos e alteramos. Mas isso não quer dizer que somos egos onipotentes e podemos mudar a realidade a nosso bel-prazer, ou que essa realidade não existiria caso não a estivéssemos observando. Isso seria puro narcisismo doentio. Na verdade, afetamos a realidade porque formamos uma unidade com ela, somos interdependentes e, por isso, também somos afetados por ela. Quando focalizamos a nossa atenção nas dificuldades da vida, por exemplo, investimos energia nessas dificuldades e garantimos a sua continuidade, reforçando a nossa crença de que a vida é difícil.

O foco da nossa atenção e o investimento da nossa energia dependem da qualidade dos nossos estados de consciência. E é **a consciência de estar atento ao momento presente** que irá qualificar e dirigir a energia criativa em nossa vida.

O poder da mente

Para exercer o seu verdadeiro poder, o Eu Consciente precisa ser um parceiro capacitado a reprogramar o nosso magnífico biocomputador interno. Isso acontece quando, numa boa Parceria Interior entre o Eu Consciente e o Eu Básico, conscientizamos os padrões ilusórios que podem nos levar a achar que o mundo deveria sempre atender às nossas expectativas. Compete ao Eu Consciente, portanto, reprogramar o que quer que seja necessário para que a energia flua corretamente.

Normalmente, quando a vida nos apresenta algo que não se ajusta ao nosso programa, tendemos a desencadear uma sucessão de pensamentos repetitivos que acionam, por sua vez, emoções negativas como ressentimento, insegurança ou ansiedade e, principalmente, a resistência defensiva. O coração passa a bater mais forte e a adrenalina é lançada na corrente sangüínea. Todo esse torvelinho toma conta da nossa mente, criando agitação. O Eu Consciente tenta se proteger, acionando automaticamente o Eu Básico, que vai buscar nos seus arquivos de memória os nossos medos, anseios e reações negativas. É muito comum, nesses momentos, buscarmos razões para provar que estamos certos e as outras pessoas, erradas.

Num exercício pleno de Parceria Interior, podemos começar a desenvolver um diálogo interno com o Eu Básico e nos proteger de nossos comportamentos automáticos e de nossa desatenção, tomando algumas atitudes.

- Podemos observar conscientemente o que está acontecendo e ver que é mais fácil mudar a nós mesmos do que mudar o mundo, para que ele se ajuste às nossas expectativas.
- Podemos ver que as nossas resistências, medos e emoções negativas nos ajudam a nos libertarmos de certas ilusões. Se eles não tivessem se mostrado, continuaríamos iludidos a respeito de nós mesmos e do mundo à nossa volta. Assim, aprendemos a ver que tudo tem um propósito e experimentamos isso conscientemente.
- Podemos perceber os julgamentos preestabelecidos sobre as pessoas e sobre as situações, que nos impedem de experimentar o novo.
- Passamos a perceber a maneira mecânica como reagimos e como ela causa a separatividade, a desconfiança e a resistência à mudança. Isso nos faz lembrar que temos sempre uma escolha e que são muitas as possibilidades; deixamos de ser prisioneiros de nossas próprias armadilhas. Esse é um bom momento para convidar o bom humor da Alma e ver o quanto complicamos as coisas desnecessariamente.

Ao agirmos assim, abrimos caminho para o Anjo, nosso parceiro que facilita o desabrochar da sabedoria intuitiva dentro de nós e nos liberta do medo e de limitações auto-impostas. Ficamos livres para criar o melhor, usando a nossa energia de maneira benéfica e construtiva.

Um outro fator associado ao Eu Consciente é um tema presente na vida da maioria de nós: sentir o nosso orgulho e poder sendo violados ou ameaçados. Suponhamos que alguém decida nos criticar. Num primeiro momento, vamos querer saber quem é que está discordando de nós e por quê, mas, no exercício da Parceria Interior, podemos deixar de lado atitudes reativas e expressões de negatividade e perceber que temos várias escolhas:

- Podemos ouvir a pessoa honesta e calmamente e expressar gratidão pela preocupação que ela demonstrou ao nos criticar. Isso suaviza as tensões que o Eu Básico pode estar registrando.
- Podemos verificar se há algo de valor na crítica e utilizá-lo para dar um salto de qualidade e deixar de lado o que não serve mais.
- Podemos dialogar ou conversar em grupo para verificar se algumas sugestões podem ser aproveitadas e postas em prática.
- Podemos aceitar a crítica, sem concordar ou discordar dela, mas alcançando um ponto de transcendência, em que o mais importante é uma perfeita combinação de vulnerabilidade e transparência.

Quando essas qualidades da Alma estão presentes, elas formam o amálgama que faz com que a face de quem está sendo criticado seja como um espelho límpido, no qual a verdade (ou a inverdade) pode ser refletida de volta para quem a expressou.

O Eu Consciente, quando se isola em si mesmo, cria a ilusão de que está num campo de batalha, lutando contra o mundo exterior. Mas a vida sempre funciona da melhor maneira para todos quando somos capazes de aceitar a nós mesmos e aos outros exatamente como somos no momento. Aceitar é receber o outro e a si mesmo sem pré-julgamentos. Perdoar é dar-se a si mesmo e aos outros sem pré-condições. Ao fazer isso estabelecemos um ciclo perfeito de dar e receber, sem o qual nossa vida seria desastrosa.

A prática de atitudes como as que acabamos de descrever nos leva a uma sintonia consciente com aspectos sutis e luminosos da dimensão da Alma e a vê-los refletidos nas pessoas e situações da vida. A nossa capacidade intuitiva se amplia imensamente e sentimo-nos capacitados a dar melhores respostas com criatividade e inspiração imediatas em cada situação.

Para utilizar melhor o poder da mente consciente, é preciso calma interior e observação atenta. Só assim seremos capazes de ver a beleza das si-

O EU CONSCIENTE ❖ 43

tuações e pessoas que nos rodeiam. A essa altura, já nos conscientizamos de que estamos ajudando a criar o mundo em que vivemos, a cada instante, seja ele amigável ou hostil. Não nos deixamos mais dominar pelo medo ou pelo conflito do mundo externo. Uma mente calma percebe melhor as reações e os mecanismos do ego. Nossos pensamentos, livres de toda a artificialidade, começam a abrir espontaneamente um caminho para a sabedoria e para o amor que estão disponíveis na Alma. A presença da mente consciente, em tais circunstâncias, pode ser comparada a uma brisa suave que sopra nas folhas da árvore da vida e da sabedoria, para se relacionar com ela e aprender continuamente.

Aprendemos também a não rejeitar ou reprimir pensamentos, pois isso faz com que eles fiquem mais fortes e recorrentes. O importante é vê-los, deixá-los passar, suave e simplesmente, sabendo quando lhes dar atenção e que tipo de atenção. Descobrimos também que a nossa mente consciente funciona melhor quando nos concentramos em um pensamento ou em alguma coisa de cada vez, dando-lhe total atenção. Quando nos mantemos focalizados em um objeto ou pensamento, a nossa mente desenvolve a capacidade de ficar calma e passamos a ver o mundo de maneira mais clara e consciente, livres de exigências emocionais perturbadoras.

Aos poucos, isso pode se transformar numa espécie de meditação ativa, por meio da qual aprendemos a ficar inteiros no que quer que estejamos realizando. A energia universal, que é ilimitada, está sempre disponível e podemos captá-la a qualquer momento.

Uma constatação importante nessa dimensão do parceiro Eu Consciente é a de que nascemos com poucas e simples necessidades. O mundo, excessivamente materialista que temos ajudado a criar nos últimos séculos de nossa história, tem nos programado para engendrar centenas de exigências emocionais e materiais que nada têm a ver com uma vida plena. Um número cada vez maior de pessoas já começa a se dar conta disso e a transformar a própria vida. A idéia de consumir cada vez mais e de possuir cada vez mais, como uma maneira de se sentir próspero e seguro, está levando os seres humanos a desenvolver expectativas e apegos doentios. Diante do desequilíbrio e da infelicidade que tudo isso vai causando, um movimento de simplicidade voluntária vai tomando forma e se organizando em muitas partes do mundo. Uma imagem que poderia ilustrar essas expectativas e apegos que atrapalham a nossa vida é a de um lindo balão de gás colorido que carregamos junto a nós e protegemos constantemente, por medo de que alguém o fure. Muitas vezes nos esquecemos de apreciá-lo e de descobrir as diferentes maneiras de brincar com ele.

Na aprendizagem de acalmar a mente consciente e de nos transformarmos em Eus Conscientes lúcidos e conectados, numa dinâmica Parceria Interior, elevamo-nos para além das exigências de milhares de reações relacionadas com o que se passa à nossa volta a cada segundo. Quando fazemos a parceria com a Alma, somos imediatamente colocados em sintonia com o que necessitamos saber, sem ficarmos presos a essa massa de reações sensoriais.

A mente inquieta e acelerada não se concentra naquilo a que se propõe atender e desvincula-se da fonte criadora no cerne da Alma. Perdemos assim a capacidade de entrar em sintonia com os *insights* e inspirações disponíveis na dimensão do Eu Superior. Quanto mais calmos e sintonizados com a nossa capacidade de amar, com as experiências que promovem a paz e a alegria de viver, mais nos abrimos para a realidade da Alma.

Com a conscientização do valor e do lugar que a mente e o Eu Consciente têm na configuração do nosso Ser Total, aprendemos a mudar o que é possível, demonstrando pelas pessoas um cuidado amoroso, sem separatividade, e aceitamos calmamente o que ainda não é possível modificar num determinado momento da vida. Ficamos assim livres de resistências, de atitudes forçadas e de manipulações. Podemos observar a mente, ver como ela opera, encadeando pensamentos, e passamos a distinguir o que cria harmonia e unidade e o que nos afasta ou nos separa das pessoas. Sempre teremos uma escolha consciente a fazer.

O trabalho mais sério que a mente consciente nos dá é a questão dos pensamentos negativos que ocorrem sempre quando enfrentamos situações novas em nossa vida. Muitas vezes, sofremos um grande desgaste por causa de tais pensamentos. Precisamos tornar a nossa mente clara e positiva, reciclando pensamentos e transformando as experiências em possibilidades de aprendizagens assertivas.

Num relacionamento amoroso e consciente entre duas pessoas ou numa experiência em grupo é importante perceber quando surge um ressentimento ou emoção negativa. A menos que escolhamos perceber imediatamente e responder a isso, de modo criativo, numa parceria com o Eu Superior, esse fato pode tomar proporções maiores tão rapidamente que, quando percebemos, já estamos sendo excessivamente críticos. O ressentimento já se revestiu de outras emoções e podemos acabar cometendo erros graves. E como somos levados a criticar as pessoas de maneira equivocada! À medida que expandimos a nossa consciência para contatar os parceiros internos numa dimensão de Amor e Sabedoria no cerne da Alma, aprendemos a flagrar as emoções negativas no momento em que elas surgem e nos recusamos a cair em suas armadilhas.

A mente racional e lógica do nosso Eu Consciente é um instrumento necessário e muito útil, que pode trazer uma esplêndida contribuição para nossa vida. Precisamos ficar atentos a suas limitações para que ela trabalhe a favor e não contra a Parceria Interior, fazendo a sua parte de maneira positiva e criativa.

A transformação da mente racional e lógica acontece quando surge a compaixão e o amor. Permitir que as pessoas tenham espaço para fazer descobertas e encontrar seus próprios caminhos, responder quando há uma indagação presente e escutar com toda a atenção são atitudes que iluminam a mente consciente. Dessa forma não caímos na armadilha de querer mudar as pessoas para que elas se ajustem às nossas exigências e expectativas.

Eis uma história que pode ilustrar a capacidade que temos de aceitar, conscientemente, as situações da vida com criatividade, flexibilidade e cooperação, ao mesmo tempo que percebemos a constante impermanência dos acontecimentos no mundo material.

Conta-se que havia um clube de golfe em Calcutá, na Índia, construído pelos ingleses durante a sua colonização. O campo de golfe era o tipo de recreação que eles haviam trazido do Ocidente. Logo de início, os ingleses se viram diante de um obstáculo: por todo o campo havia macacos, que apanhavam as bolas de golfe e as levavam para onde queriam. Às vezes, as tacadas dos jogadores colocavam as bolas em lugares perfeitos para novas jogadas, mas os macacos pegavam as bolas e as levavam para lugares de difícil acesso, mudando totalmente o jogo. Outras vezes, apanhavam as bolas que caíam em lugares difíceis e as levavam para outros excelentes, facilitando a tacada e favorecendo os jogadores.

Os ingleses tentaram resolver o problema construindo cercas e procurando iludir os macacos com outros artifícios, mas de nada adiantou. Eles sempre voltavam, em maior número, e pareciam se divertir imensamente com essa interação com os humanos. A única solução para os jogadores daquele campo de golfe foi estabelecer uma nova ordem: jogar a bola a partir do ponto em que os macacos a deixavam!

É de extrema importância, na prática da Parceria Interior, que o Eu Consciente atente para a imprevisibilidade da vida e para o fato de que tudo pode mudar, instantaneamente, independentemente das nossas "tacadas" precisas. No jogo da vida, são muitas as estações por onde passamos e, seja usando o nosso poder de escolha e a nossa intuição ou movidos pela graça de Deus, podemos ter certeza de que tudo estará em contínua e reveladora transformação.

À medida que nos tornamos mais conscientes dos níveis interativos da Parceria Interior, podemos perceber claramente se uma discussão vai ser útil ou apenas causar separação e resistência. Quando estamos centrados calma e amorosamente, percebemos qual é o caminho mais harmonioso. A mente consciente então se transforma num instrumento útil para nos sintonizar com o potencial de amor e atenção de cada pessoa.

Sem o pleno uso dessa mente, nossos sentidos podem nos enganar continuamente com ilusões e visões distorcidas da realidade. Quando fazemos bom uso dela, com o apoio e participação de toda a Parceria Interior, aprendemos a cooperar e a cuidar bem de nossas emoções e dos traços que compõem a nossa personalidade. Com paz interior, sabedoria e o uso efetivo das energias do nosso Ser Total, a vida se transforma num alegre e amplo serviço a todos. O Eu Consciente é o parceiro mais eficaz para manifestar os dons divinos da nossa Alma no plano físico.

É importante que a nossa mente se mantenha ativa, sempre em ação. Exercícios com o lado não-dominante da mente são fundamentais para ativar a memória e, principalmente, para prevenir o desenvolvimento de doenças como Alzheimer ou outras doenças típicas do envelhecimento do cérebro, que impedem o acesso à consciência. Um exercício muito simples que favorece o desenvolvimento da mente é escrever com a mão não-dominante. Inicialmente, pode parecer desconfortável, mas com a prática você verá que sua letra se parecerá com a de sua criança interior. Com esse exercício, você estará estimulando novas sinapses no cérebro e evitando a ociosidade das células do sistema nervoso. O exercício de pegar bolas com a mão não-dominante ou realizar atividades com essa mão estimula novos caminhos no cérebro e ajuda a mantê-lo em forma.

O Eu Consciente e o Eu Superior na Arte da Manifestação

O poder positivo da Alma sobre a mente consciente é infinito. A maioria das pessoas sabe que deve manter a mente num nível de vibração elevado e positivo, bloqueando sempre que possível qualquer tipo de imagem ou pensamento negativo, para que, desse modo, o necessário possa acontecer de maneira benéfica para todos os envolvidos.

Uma das mais impressionantes capacidades que trazemos na Alma é a possibilidade de convidar o Eu Consciente para participar da arte da manifestação. A manifestação é uma prática que as pessoas já conhecem, embora não saibam que ela tem esse nome. Quando desejamos algo com muita intensidade, criamos um campo de experiência e esse campo fica presente na nossa mente. Imaginamos, pensamos, ponderamos, desejamos e criamos novos padrões e conexões, inclusive novos relacionamentos, para que o que temos em mente se realize. O pensamento potencializado pela presença da Alma traz para a nossa vida o objeto, a pessoa, aquilo que ainda está por se manifestar.

A manifestação é a parceria do Eu Superior ou Alma com o Eu Consciente e por isso tem o sagrado presente em si. Segundo o filósofo espiritualista David Spangler, "Manifestar é um ato consciente pelo qual se cria um novo padrão e relação com a vida, algo desenhado dentro de uma grande expressão do sagrado inerente em nós; é esse novo padrão e relacionamento o que estamos procurando manifestar". Se desejamos algo e queremos vê-lo manifestado na nossa vida, precisamos estar sintonizados com a Alma e agir de modo consciente e coerente para que o que desejamos aconteça segundo o padrão que visualizamos. Eis as linhas gerais de um exercício que exemplifica esse modo de agir:

1. Depois de formar uma idéia clara e precisa do que você deseja, escreva: "O que desejo ver manifestado em minha vida é:................". (seja o mais claro possível)

48 ❖ CONVERSANDO COM NOSSOS PARCEIROS INTERNOS

2. Sintonize-se com sua própria essência e veja com clareza os relacionamentos que você cria com isso que você quer manifestar. Conecte-se com o Eu Superior. Mantenha sua mente sempre positiva. Visualize o que você quer por vários segundos.

3. Procure se sintonizar com a essência do que você quer manifestar — uma pessoa, um objeto, um emprego, enfim, o que você está desejando — e sentir essa essência.

4. Veja se é isso mesmo o que você quer manifestar. Procure imaginar as mudanças que ocorrerão na sua vida caso isso se manifeste. É isso mesmo o que você quer? Responda e dê suas razões para que isso aconteça.

5. Depois de concluir que é isso mesmo o que você quer, procure visualizar você dentro da nova situação. Imagine-se já na situação, com a pessoa ou no novo emprego. O que está sentindo? Que emoção isso provoca em você?

6. Leia atentamente e com toda reverência o que você quer que venha para a sua vida e acolha isso em seu coração. Respire fundo e agradeça.

Faça esse exercício para cada manifestação desejada, mas não faça uma lista longa demais.

Coloque o papel em que você escreveu sobre a sua manifestação em um lugar que você possa ler. É importante confiar, ter fé. O tempo que levará para que ocorra a manifestação você mesmo determinará, em função do que está pedindo. Sintonize o seu pensamento com a Alma e fortaleça-o positivamente para que isso aconteça.

Sugerimos que você não peça a manifestação de dinheiro. O dinheiro é um campo de energia muito vasto e indeterminado. Se estiver precisando de dinheiro, procure visualizar o que você gostaria de fazer para obtê-lo.

Lembramos que o princípio que rege a manifestação é o fato de que o Poder Divino está dentro de nós e somos parte do todo. Somos um com o todo. Sendo assim, podemos atrair tudo o que há de bom e necessário para nós, manifestando-o nesta terceira dimensão.

O Eu Consciente, o Tempo e o Medo da Morte

O Eu Consciente vive na experiência do tempo e do espaço tridimensionais. Ao longo do processo evolutivo da humanidade, e principalmente nos últimos tempos, ele foi se identificando cada vez mais com o mundo material e com o tempo nesse domínio. As formas, as estruturas, os métodos, os conceitos e os avanços tecnológicos da realidade concreta e material, nas últimas décadas do século XX, foram afetando a nossa percepção da vida e do tempo. Notamos que o tempo passa, depois que tempo é dinheiro e, portanto, que não há tempo a perder; finalmente, notamos que o tempo está passando rápido demais. Podemos dizer, sem risco de errar, que a maioria dos Eus Conscientes humanos deste planeta se preocupa com a passagem do tempo, sem se dar conta de que ele é uma invenção do próprio ser humano.

Para o ego humano, o tempo passa, fragmenta-se em passado, presente e futuro. Para a Alma, o tempo e a vida seguem simplesmente num fluxo permeado de conexões e significados. E quando não percebemos isso, o nosso Eu Consciente fica com medo de não ter tempo. Por isso tememos a morte, que coloca um ponto final no nosso fazer, aniquila o nosso ter e, se somos apenas um corpo de carne e osso, põe fim ao nosso ser. O tempo ameaça acabar com todas as nossas oportunidades de realizar alguma coisa na vida.

Quando vive pressionado por essa crença e pela aceitação desses fatos, o nosso Eu Consciente pode não perceber que isso causa um medo inconsciente de um futuro que ainda não existe. O medo do futuro causa resistência à mudança e, se resistimos à mudança, não evoluímos e não aprendemos as lições necessárias.

O Eu Consciente também precisa, com a ajuda da Alma, desenvolver a capacidade de ver uma pessoa, uma organização, um evento histórico ou uma manifestação da natureza em sua totalidade temporal, ou seja, precisa reconhecer o caminho evolutivo, no tempo, que cada um percorreu para chegar até aqui. Nosso ego é um eu localizado e, até certo ponto, míope, quando se trata de ver as coisas em perspectiva. Isso pode dar lugar aos mais variados tipos de desentendimento e crise de relacionamento, e até mesmo obstruir a evolução das pessoas envolvidas no processo.

Isso acontece porque o ego é incapaz de ver a totalidade como algo multidimensional. Ele é limitado e, apesar de se imaginar senhor de tudo, é só o senhor de um pequeno feudo. Podemos aqui fazer um paralelo com a hierarquia das empresas. O ego é um líder do porte de um gerente de departamento. Da sua posição, ele pode ter uma visão do que acontece em seu nível e abaixo dele; mesmo assim, ela está restrita ao seu departamento. O presidente da empresa, no entanto, têm uma rede de informação e comunicação a seu dispor que lhe dá uma visão ampla de toda a empresa; e não só da empresa como da economia mundial e dos processos do mercado.

Um exemplo concreto da incapacidade do ego de ver a totalidade multidimensional é o modo como temos tratado nosso planeta. Por não termos um conhecimento profundo de como a nossa espécie chegou até aqui e a consciência de que fazemos parte de uma Natureza com uma vasta e misteriosa diversidade, temos usado os recursos da Terra para suprir as nossas necessidades a ponto de devastá-la e, quem sabe, inviabilizar a nossa sobrevivência. Não percebemos que somos participantes de uma única biosfera e de um único ecossistema.

Um outro exemplo, envolvendo a atuação de eus conscientes num contexto coletivo e organizacional, pode ser visto na história de uma comunidade que viveu três fases distintas ao longo de 21 anos. Algumas pessoas que passaram por ali durante uma das fases, quando voltavam a visitá-la, anos depois, já em outra fase evolutiva e com muitas mudanças, queriam encontrar as mesmas crenças e condições do seu "tempo". Na perspectiva do Eu Consciente, era como se elas estivessem vivendo a mesma experiência dos cegos diante de um elefante, conforme uma anedota do Zen Budismo. Os cegos que apalpavam a orelha do elefante o descreviam de um modo bem diferente dos que apalpavam o rabo ou a tromba. Mas nenhum conseguia ver o elefante por inteiro. De modo semelhante, quando essas pessoas circulavam pelo ambiente da comunidade, esperavam encontrar um dos tipos de realidade que já conheciam (orelha, tromba ou rabo), dependendo da fase em que tinham freqüentado o lugar. Pelo fato de não ser vista na sua totalidade, a comunidade sempre teve muita dificuldade em definir sua identidade, a ponto de chegar a uma inviabilização administrativa. Fatos e procedimentos essenciais que a viabilizariam, ficaram perdidos no tempo e não foram corretamente interligados, comunicados ou transmitidos de geração em geração, para que o sistema organizacional pudesse mudar com segurança e em sintonia com os níveis mais elevados de consciência de todos os envolvidos. A comunidade completou 21 anos sem saber exatamente qual era a sua verdadeira identidade jurídica, uma vez que, a cada fase, o grupo em vigência ignorava ou mudava as diretrizes anteriores para adaptá-las à sua própria realidade e conveniência, sem levar em conta o propósito original e os aspectos culturais vitais, na totalidade de seu tempo evolutivo.

Talvez pudéssemos chamar de *assincronia* — o contrário do que chamamos de sincronicidade — a perda de contato com dados essenciais, que acaba nos fazendo perder de vista a interligação necessária. O ego gera assincronia quando fragmenta a realidade e só percebe aquilo que é bom para si mesmo, ou quando quer ficar compulsivamente no controle de tudo, o tempo todo. Essa é a raiz dos dramas humanos, em muitos níveis. Um exemplo clássico é o que aconteceu com Romeu e Julieta, no drama de Shakespeare: Julieta (a Alma) intui e percebe a realidade como ela é e pede a Romeu para não jurar seu amor baseando-se na inconstância da lua e engendra um plano para a união dos dois. Acontece que Romeu (o ego) não consegue ver além da tridimensionalidade e não percebe que Julieta apenas dorme. Tampouco o mensageiro (o Anjo) o alcança com a mensagem que explicaria o verdadeiro estado de Julieta. O resultado é a assincronia. Tudo dá errado, na hora e no tempo errados.

Por causa de sua percepção reduzida e sempre voltada para o que consegue abarcar, o Eu Consciente caminha pelo tempo, sem se dar conta, na maioria das vezes, de como a sua presença afeta e causa impactos por onde ele passa. Um de seus pontos mais fracos é a ausência de memória quanto à continuidade e à interligação de suas ações no tempo. Civilizações inteiras, consideradas pacíficas e profundamente espirituais, desapareceram sem explicação; o povo anasazi do Novo México e os maias da América Central, por exemplo, podem ilustrar esse fato. Hoje se sabe que os Eus Conscientes daquela época não perceberam que, derrubando as árvores das matas e florestas da bela paisagem onde viviam, para fazer suas construções e viver pacificamente, estavam destruindo as chances de sua própria continuidade no tempo. Esses Eus Conscientes, encarnados em muitos líderes da época, certamente não estavam capacitados para ver o impacto de suas ações no longo prazo. Talvez seja essa a mesma qualidade de Eu Consciente que ainda vemos em muitos líderes dos dias atuais.

O ego humano, em sua essência e propósito, não é uma dimensão da consciência que precise ser reprimida, negada ou desprezada. Ele é um componente da nossa identidade e está destinado a participar das ações que atendem às necessidades do corpo físico; ele também pode ser um importante guardião da integridade corporal, cuidando da alimentação e desenvolvendo hábitos saudáveis. O ponto mais importante a ser lembrado é que, para termos uma Parceria Interior saudável e harmoniosa, o ego deverá ser sempre um componente secundário da nossa identidade.

Para o desenvolvimento espiritual, é importante amadurecer a idéia de que o ego é uma instância ilusória; e só podemos amadurecer se tivermos uma compreensão ampla da nossa existência, se aprofundarmos o nosso saber e pudermos investigar outras possibilidades de viver a partir de um ego que se cala para ouvir a própria Alma. As experiências que vivemos, os relacionamentos, o trabalho, as atividades compartilhadas, os objetivos e metas, as dificuldades, os conflitos, enquanto existirem, servirão para que possamos experimentar quem somos em multidimensões; a partir daí iremos elaborando, modificando, mudando, transformando e, conseqüentemente, tornando-nos mais amplos em nossa consciência, percebendo mais profundamente os significados e significantes da vida, percebendo melhor os valores profundos da ética e da moral, que levam a princípios solidários e à unidade.

Como em geral o ego é muito valorizado, ainda temos de encarar a violência e conviver com o terrorismo, com as agressões, com o desrespeito, com a desvalorização da vida, enfim, com uma infinidade de limitações que tornam a experiência de vida um desafio. A falta de educação em todos os sentidos impede a humanidade de ser feliz, de viver uma vida plena, inteira, amorosa, solidária. Por essa razão, acreditamos que o ego precise ser reconhecido e transformado, pois quanto mais o negamos levianamente, mais ele atua sem limites.

Num estado saudável, é o Espírito Eterno, nossa Vida Abundante, que forma o sentido primário e essencial da nossa identidade. Cada vez mais pessoas, pelo mundo inteiro, estão descobrindo que aquela velha programação, que levava o ego a desenvolver comportamentos motivados pelo medo, não é mais efetiva nem têm mais utilidade. Novos caminhos e novas maneiras de perceber a realidade estão sendo buscados, e muitos querem uma outra via de acesso para manifestar as qualidades da Alma, que irão transformar para melhor suas vidas. É quando o ego começa a experimentar essa abertura para percepções mais amplas e interligadas, para a presença do Espírito Eterno na vida de tudo que o cerca, que o Anjo começa a fazer com que a presença da Vida Abundante seja sentida ou percebida.

Quando o Eu Consciente se abre para deixar as coisas mais leves, sem levar muito a sério a sua auto-imagem, seus conceitos, suas idéias e se vê como parte de um sistema vivo de parcerias cooperativas, sua consciência se expande para se perceber em sua verdadeira dimensão e papel e se diluir na realidade universal da Alma. Para fazer isso, o ego muitas vezes precisa fechar os olhos que vêem exclusivamente o mundo material das formas e diminuir o seu apego excessivo ao corpo físico. Os olhos e os sentidos, quando ficam muito associados e apegados ao corpo, podem transformar num grande desafio o ato de soltá-lo, até mesmo para sentir o verdadeiro prazer de estar vivo. Com os olhos físicos fechados, mas com a mente aberta para o desconhecido e para o uso da imaginação criativa, fica mais fácil para o ego relaxar a sua auto-imagem e expandir suas percepções para um espaço não-linear de tempo.

Uma das muitas razões por que o ego desenvolveu uma programação motivada pelo medo remonta à sua origem evolutiva, quando o ser humano precisou enfrentar grandes desafios para sobreviver. Houve uma época em que tivemos de lutar com grande dificuldade para nos manter vivos, buscar alimento e tudo o que fosse necessário para a nossa sobrevivência. Carregamos ainda as impressões ancestrais do "fugir ou morrer", da expulsão de um paraíso espiritual e da entrada num mundo material cheio de desafios e armadilhas. Os mitos e lendas de todas as civilizações relatam os fatos e as ficções dessa interminável odisséia.

É compreensível que o ego humano tenha projetado, durante milênios, a sua motivação temerosa, que não ajuda de modo algum no desenvolvimento do verdadeiro potencial humano, nem libera a sua criatividade plena. Somente a motivação pelo Amor, aquele que procede da Alma, pode desfazer os milênios de condicionamento e crença em percepções criadas pela limitada percepção do ego.

Talvez possamos dizer que o mito da guerra nas estrelas e de civilizações mais avançadas, que instigam o medo umas nas outras, seja apenas uma fantasia limitada, pois como uma civilização poderia ser avançada e ao mesmo tempo motivada pelas estratégias do medo?

O ego tende a não compreender essas questões essenciais, e os sistemas educacionais tradicionais não nos ensinam sobre o verdadeiro funcionamento do Universo; ao mesmo tempo, o ego pode não perceber o lado sutil das coisas nem a presença das freqüências vibratórias de idéias e sentimentos positivos que criam harmonia universal e tenderá, sim, a ser presunçoso, arrogante e a levar a sua visão antropomórfica ao extremo, projetando os seus estados subjetivos no mundo que o cerca.

Um dos objetivos da Parceria Interior é compartilhar experiências que falam da nossa realidade espiritual, para irmos lembrando da razão de estarmos na Terra. O *insight* que Galileu e Copérnico ofereceram ao mundo ocidental há cinco séculos nos colocou no nosso devido lugar quanto à nossa verdadeira posição no cosmos. Num sentido metafórico, talvez isso corresponda ao momento em que despertamos para o fato de que o nosso ego não é o centro da nossa identidade; ele gira em torno de um sol maior.

Com a primeira experiência espacial, quando os astronautas puderam ver a Terra inteira e o seu corpo azul celeste girando pelo espaço, ampliamos coletivamente a nossa percepção e agora podemos ficar diante de um novo *insight*: o de que a Terra que nos acolhe é um imenso corpo celeste, que gira em torno de um Sol maior; nós estamos, como espíritos divinos, residindo temporariamente aqui e vestindo o traje de uma das incontáveis espécies do Criador. Se o centro da nossa identidade continuar sendo o ego e sua limitada percepção, certamente a Terra e tudo o que nela vive correrão grande perigo. Ela não irá suportar as exigências do nosso egoísmo, nem o impacto devastador da nossa maciça presença. Se, finalmente, despertarmos para o nosso papel como ser humano e divino, que é maravilharmo-nos com as dádivas do Criador e ao mesmo tempo tomar consciência da nossa interligação e unidade com a Vida Abundante de Deus, teremos cumprido a nossa missão. Viver e morrer no tempo e no espaço são facetas de um compromisso assumido com o Espírito eterno e infinito no qual vivemos.

As culturas e civilizações humanas estiveram sempre, em grande parte, a serviço da manutenção e da expansão do Eu Consciente. Estamos em vias de criar um mundo a serviço da expansão e da incorporação de uma cultura da Alma. O significado da vida, da morte e do tempo certamente será inteiramente reformulado quando passarmos a viver sob a orientação da consciência desse Eu Divino, no qual existimos e que nos dá origem.

O Eu Consciente e o Eu Básico como partes de um sistema complexo

Como parceiro interno, e a partir de uma visão sistêmica e complexa da nossa integridade, o ego precisa ser continuamente estimulado a se lembrar de quem verdadeiramente somos e de qual é a sua função. Ele preserva, no dia-a-dia, o nosso sentido de identidade pessoal e cuida de compreender a informação sensorial vinda do Eu Básico, para que saibamos como responder ao que está acontecendo à nossa volta. Não é possível existir e funcionar no mundo material e tridimensional sem a participação do ego. Ele só é visto como o grande vilão na maioria das tradições espirituais porque até recentemente o ser humano não era visto de modo sistêmico, com os diferentes níveis de sua consciência interagindo cooperativamente. Se o ego ignora os seus próprios conteúdos emocionais, os hábitos que cultivou ao longo de muitos anos e tenta agir independentemente do Eu Básico, com certeza causa a si mesmo e ao seu mundo os problemas típicos dos vilões mitológicos.

Se o Eu Básico guardou em sua memória a crença de que não pode ficar com raiva ou chorar, o ego pode suprimir e distorcer a raiva e as lágrimas, desenvolvendo um comportamento que, a longo prazo, pode causar sérios danos à integridade do Ser Total. Se a Criança Interior, que existe na memória do Eu Básico, sente que não é boa o suficiente, o Eu Consciente pode assumir uma postura de arrogância ou de narcisismo para proteger a vulnerabilidade da Criança Interior; ou pode, num outro extremo, deixar-se humilhar e recolher-se, recorrendo a mais um dos seus mecanismos de defesa.

Olhar para o ego como o vilão da história ou o bode expiatório de nossas inevitáveis imperfeições é utilizar as mesmas estratégias que ele usa e desenvolver ainda mais o sentido de separatividade, que é sua característica mais fundamental. É importante lembrar que o ego está sempre buscando ser útil e que é a crença inevitável de que é uma entidade separada do todo que causa o medo nas suas mais variadas facetas. O medo, por sua vez, é guardado pelo Eu Básico, que cria as defesas e, num círculo vicioso, amplia o sentimento de separatividade até torná-lo crônico e aparentemente natural.

O Eu Consciente é como alguém que intermedia uma negociação. Num primeiro momento, ele pode achar que sozinho vai dar conta de todo o processo e, com grande dificuldade, ignora ou distorce as informações que deveriam estar circulando para criar harmonia no ambiente. Ele pode ignorar uma sensação no corpo, uma emoção vinda do Eu Básico, ou não se lembrar de um sonho, com uma informação importante vinda da Alma, que poderia ajudar no seu desempenho naquele momento. E, assim, pode escolher ignorar e distorcer as mensagens e os elementos fundamentais na prática da Parceria Interior.

Depois de atingir uma certa maturidade psicológica, ele pode receber mensagens claras, sem distorções, e perceber quando o Eu Básico desperta sentimentos de tristeza ou de alegria, quando está com fome, quando a Criança Interior se sente vulnerável e quando é preciso fazer algum movimento com o corpo, respirar profundamente ou se exercitar mais. Sugestões da Alma também não passam despercebidas, e o ego deve se abrir para aceitá-las e agir segundo a orientação sutil que pode vir por meio de sonhos, de momentos de quietude e da intuição, que não pode ser negada. O Eu Consciente pode perceber com a clareza vinda da fonte de onde procede cada mensagem, integrar toda informação que lhe chega à consciência e, em seguida, agir adequadamente.

Por meio do crescimento pessoal e espiritual, o Eu Consciente pode se transformar num canal cada vez mais claro para receber as mensagens do Eu Básico e do Eu Superior e começar uma verdadeira Parceria entre eles.

O Eu Consciente é o guardião de recursos importantes e necessários à vida. Sua função mais importante envolve a aprendizagem consciente, de modo que possamos nos adaptar ao nosso ambiente e dar as respostas mais apropriadas para cada situação, seja ela positiva ou negativa.

Quando trabalha em harmonia com o Eu Básico, o Eu Consciente sempre cumpre o papel de guiá-lo, educá-lo, orientá-lo, como faria afetuosamente com alguém mais jovem e menos experiente, ajudando-o a compreender a vida de uma perspectiva mais ampla e a expressar as suas capacidades. Quando está fora de equilíbrio, o Eu Consciente tende a usar mais a lógica e a razão e pode desvalorizar ou desconsiderar os sentimentos e as intuições que o Eu Básico guarda cuidadosamente na subconsciência. Ele é como alguém que não presta atenção nem valoriza o que uma criança tem a dizer, causando, assim, grande parte das disfunções que percebemos ao observar o desenvolvimento psicoespiritual de uma pessoa. Isso cria cisões desnecessárias entre a mente e o corpo, interrompendo o contato com os sentimentos e com as intuições mais profundas. Na prática da Parceria Interior, esse desequilíbrio pode ser restabelecido quando o Eu Consciente aprende a se ligar novamente com o Eu Básico e trazer para essa relação consciente um sentido renovado de vitalidade, prazer e saúde.

É importante valorizar as funções do Eu Consciente, mas é preciso reconhecer que ele também tem suas limitações. Às vezes, o excesso de lógica e o uso exclusivo da capacidade racional, sem o tempero adequado das emoções e do que o corpo físico tem a dizer, pode causar doenças e embotar a clareza e o brilho de mentes inteligentes e competentes. Quando começamos a ver o nosso Eu Consciente na perspectiva correta e entendemos a sua interdependência com o Eu Básico, reconhecemos que a vida funciona melhor quando esses parceiros internos cooperam entre si e recebem a amorosa orientação da Alma.

Toda Parceria é Cooperativa

Ao observarmos o modo como a Natureza funciona, descobrimos que, tanto no microuniverso de células e microorganismos, quanto no macrouniverso de seres e formas palpáveis e concretas, há um exercício contínuo de cooperação e parcerias criativas. Seres microscópicos trabalham juntos para produzir cada célula humana e cada uma delas está destinada a trabalhar em cooperação simbiótica para criar os organismos e as formas de vida do mundo em que vivemos. Estar consciente disso, e compreender suas implicações, é tarefa fundamental para que o Eu Consciente cumpra o seu papel no processo da evolução humana.

Com esse dado em mente, o Eu Consciente logo percebe que não pode considerar-se o todo de uma equação. Ele é uma parte vital, mas a equação inteira é uma parceria amorosa e plena entre Espírito e matéria. Como o Eu Consciente é uma espécie de guardião da dimensão material, enquanto não despertar para essa realidade cooperativa, muitas das conexões conscientes com o Espírito e com os seres da realidade espiritual podem não se realizar ou ficarem temporariamente perdidas.

Um exemplo disso é a parceria entre o Eu consciente e o Anjo. Os Anjos se aproximam de nós para que despertemos para as vibrações do Espírito em nossa biologia. Em nossa inteireza, somos seres espirituais em meio a uma experiência no mundo material. Por causa da maneira como nos separamos de nossa contraparte espiritual, e pelo fato de termos o dom da escolha, os Anjos não interferem quando escolhemos nos identificar mais com a nossa contraparte material. A nossa biologia humana pode comportar um Eu Consciente e também um Anjo. (Segundo o escritor Ken Carey, autor de *O Retorno das Tribos-Pássaro*[2], os Anjos não "evoluem"; eles "encarnam".) O Anjo ocupa esta casa carnal apenas para nos lembrar de nossa origem, para fazer com que o Eu Consciente desperte para a dimensão espiritual e para as conseqüências de suas escolhas. O Eu Consciente precisa perceber que o corpo de carne que está usando um dia deverá ser devolvido aos elementos que o compõem para que uma parceria espiritual se faça entre os guardiões da matéria: os Eus Conscientes, os Guardiões do Espírito e os Anjos. É como se a matéria que forma o nosso corpo e nos dá a identidade humana, por meio da ordem e harmonia de uma engenharia genética, um dia tivesse que ser devolvida, sem impurezas, ao Criador. Como o Eu Consciente humano é o guardião dessa matéria e de sua engenharia, e também responsável pela saúde da mente e do coração que ali pulsam, são necessárias a cooperação e a parceria consciente com o Anjo para que o nosso propósito espiritual aqui na Terra se cumpra.

Em uma matéria da *Gazeta Mercantil* de 20 de fevereiro de 1997, Paulo de Tarso Costa dos Santos nos fala de uma descoberta que foi considerada uma "revolução em curso na biofísica" e nos dá a dimensão da relação entre a matéria e o espírito. Ele começa seu artigo assim: "Por mais incrível que possa parecer, existe luz em nossas células. Esse fato foi observado pelo biofísico alemão Fritz Popp, que utilizou em suas pesquisas os mais modernos métodos. Essa luz com o nome de biofóton é encontrada no núcleo da célula e vem do Sol, chegando ao organismo por meio dos alimentos, pelos olhos e através da pele. Essa luz celular se intensifica no momento da divi-

---

2. *O Retorno das Tribos-Pássaro*, Ken Carey, Editora Cutrix, SP, 1990.

são celular. Quando a célula apresenta distúrbios ou está prestes a morrer, essa luz se apaga numa célula morta".

Essa luz celular pode ser comparada ao campo de energia vital que nos dá vida e motiva. Ela capta, por meio do DNA, a informação vinda do campo informacional chamado *akasha*[3]. O próprio autor do artigo, Paulo de Tarso, diz num outro trecho o seguinte: "Tanto Popp e seu grupo de pesquisadores quanto muitos outros cientistas de vários países demonstraram, através de cálculos e experiências, que a molécula espiral do DNA é um armazenador ideal de luz e que possui ainda a capacidade de receber e emitir luz através de contrações rítmicas. Assim, temos que a rede de todas as moléculas de DNA representa a instância ordenadora primordial do campo biofotônico orgânico. Essa luz se comporta como um *laser* biológico".

Cremos que a descoberta da luz em nossas células é uma prova da existência do campo de energia vital, que nos dá vida no plano físico. A presença da luz é a presença do divino em nós! Por essa razão, a parceria entre o Eu Consciente, o Anjo e o Eu Superior é totalmente interconectada. Não existe nada que não faça parte do Universo Total.

Em *O Retorno das Tribos-Pássaro*, Ken Carey deixa isso muito claro, por meio da fala dos Anjos: "Os seres humanos regidos pelo ego, que lutam e disputam entre si mesmos, não parecem perceber o óbvio: esses valores que vocês empregam para determinar o seu comportamento social, se fossem empregados pelas partes do seu corpo, bloqueariam qualquer associação cooperativa entre os ribossomas, enzimas, mitocôndria e outras pequenas formas de vida, que não seriam capazes de fornecer uma única célula coerente, e o que dizer de um corpo humano saudável e integral.

"Centenas de milhares de pequenos seres trabalham juntos e voluntariamente para fazer do corpo humano o que ele é. Não é o caso da 'sobrevivência dos mais fortes' como proclama o seu sistema de crenças baseado numa observação de curto prazo. É muito mais o caso do 'florescimento dos mais cooperativos', assim como qualquer observação de longo prazo do universo demonstraria. É através da cooperação e da parceria de uns com os

---

3. Segundo a *Enciclopédia do Yoga*, de Georg Feurstein, "*akasha* ("radiância") [...] passou a designar o mais sutil dos cinco elementos (*bhuta) materiais do cosmos manifesto. Nesse sentido, o conceito é similar à 'quinta-essência' de Aristóteles e ao 'éter luminoso' da física do século XIX — uma noção que foi abandonada no começo do século XX".

outros que as diversas formas de vida se adaptam e evoluem, e é somente através da parceria e cooperação simbiótica de uma infinita gama de organismos mais simples, que organismos mais complexos, como os seus corpos, são capazes de vir a existir."

O Eu Consciente, portanto, deve cumprir o seu papel de cuidar do corpo físico e assegurar que ele receba a nutrição física, emocional e mental adequada; e também esteja protegido de ameaças e perigos. Ao longo do nosso processo evolutivo, desde que morávamos em cavernas e estávamos inteiramente vulneráveis à ação das intempéries e dos predadores, o ego, ou Eu Consciente, foi aprendendo a servir como guardião do próprio corpo. Nesse período de aprendizagens intensas com as forças da natureza, o homem sentia o impulso instintivo de se proteger e de se defender; é a esse impulso instintivo que chamamos de medo. No início, o medo tinha um sentido bastante significativo na formação da consciência humana; ele era uma espécie de alarme biológico, que os animais ainda preservam. Com o passar das eras, e depois de milhões de anos de evolução, o medo foi ocupando espaços mais sutis, foi se emaranhando nos fios do nosso código genético. Hoje, ele é um componente psicológico bastante atuante, mesmo que vivamos em civilizações nas quais as intempéries e os animais já não nos ameaçam da mesma maneira e não precisemos mais seguir o impulso instintivo de "fugir ou morrer".

Como o surgimento do ego está diretamente ligado ao surgimento do medo e a questões de sobrevivência, ele se transformou também num guardião e mestre em potencial de todos os medos do plano material. Existem medos dos quais o ego é consciente e outros que estão entregues ao Eu Básico e mantidos no nível subconsciente. Embora o ego seja um componente vital da nossa Parceria Interior, ele não foi idealizado para se transformar no mais importante elemento da nossa identidade.

Quando somos saudáveis e íntegros, sabemos que o ego é um componente secundário da nossa identidade. Como seres espirituais, podemos nos tornar plenamente conscientes das multidimensões onde existimos e saber que somos um sistema vivo de consciência espiritual, que se expressa por meio de vários eus. Não somos um eu isolado, nem existe uma hierarquia entre os vários eus que nos compõem, mas uma parceria perfeita e cooperativa. O Eu Consciente, até este momento histórico, é o único que esquece ou ignora essa realidade.

Na prática da Parceria Interior, é fundamental que o Eu Consciente saiba que não precisa ser reprimido nem morrer para que a Alma e o Espírito se libertem. Em sua essência, a Alma e o Espírito são sempre livres e jamais podem ser aprisionados. Esse é um conceito ilusório, engendrado pelo próprio ego, que se condicionou a se ver como uma entidade separada e "escolhe" ver a realidade dessa maneira.

Depois que o processo de iluminação acontece na nossa vida, não confundimos mais o reflexo com o Ser que lhe dá origem. A independência do Eu Consciente se transforma em interdependência, e este não sente necessidade de auto-afirmar-se como um ser isolado. A maneira como as coisas acontecem à nossa volta muda o jeito como trocamos energia com as outras pessoas e tudo o que nos cerca se transforma, porque o sentido de ego antigo não mais domina a nossa percepção. Agora sabemos que a nossa verdadeira identidade está ancorada na realidade de nosso Espírito eterno e imortal.

A partir desse momento, podemos dizer que o Eu Consciente reconhece a dimensão de sua identidade e o seu lugar no Todo; compreende a diferença entre entregar-se à prática da Parceria Interior e desistir de assumir sua função. Ao entregar-se, ele afirma positivamente o seu lugar, o que não aconteceria se ele desistisse de cumprir a sua parte. E assim, diante de situações desafiantes, sabemos que precisamos nos entregar à sabedoria e ao Amor da Alma, em vez de desistir, acreditando na própria derrota.

Quando encontramos alguém que tenha alcançado esse estado de Eu Consciente mais integrado e luminoso, sentimos que essa pessoa é especial, sentimo-nos atraídos por ela, queremos ficar mais perto dela. Percebemos que algo aconteceu, pois ela nos passa a sensação de segurança, de confiança. Um exemplo disso é uma amiga em comum que conhecemos há mais de 20 anos. Quando a conhecemos, ela era uma reconhecida terapeuta corporal cujo trabalho implicava o uso de uma força energética, com intervenções diretas no corpo do cliente. Com o passar do tempo, essa amiga viveu intensos processos de autotransformação e sutilizou seu campo egóico, conquistando uma profunda sensibilidade. Essas mudanças lhe possibilitaram uma abertura espiritual incrível e ela passou a interferir menos diretamente no corpo dos clientes e a ser uma presença transformadora. Tornou-se uma mestra para todos nós e um exemplo vivo da Alma em expressão.

Viver acreditando que o ego é o centro da nossa identidade é o mesmo que viver como se a Terra fosse o centro do Universo. Nós sabemos que isso não é verdade, mas em certas ocasiões o nosso comportamento revela um estado de percepção muito parecido com o do tempo do obscurantismo. Somos como um sistema solar de consciência. A Alma é o nosso sol interior e cada parte do sistema é de vital importância para sua integridade e razão de ser. Sabendo disso, abrimos espaço para perceber que há muitos sóis e universos que a nossa imaginação não alcança.

O Eu Consciente também assume incondicionalmente o papel de tomar conta de si mesmo, neste mundo material, não importa o que aconteça. Isso pode significar que ele sempre se coloca em primeiro lugar, ferindo e magoando outras pessoas, caso esteja inconsciente do fato de que o seu jeito de ser (com parceria ou sem parceria) faz uma enorme diferença.

O Eu Consciente é o parceiro interno que assume a expressão de nossa imagem ideal, ou seja, ele personifica as qualidades que são valorizadas na sociedade em que vivemos, de modo a nos sentirmos aceitos e queridos. Ele nos dá as faces que vamos apresentar aos outros nos diferentes tipos de relacionamento que criamos. Geralmente, formamos essas imagens ideais na nossa juventude, pois queremos atrair positivamente a atenção dos outros. E assim, o Eu Consciente pode se mostrar de uma maneira diferente para cada pessoa, adequando-se ao traje cultural que for mais aceito no meio em que se encontra. É também esse parceiro que, para nos manter na segurança de limites conhecidos, busca nos proteger de conteúdos e processos guardados no inconsciente ou até mesmo de certas situações da vida consideradas desafiantes ou que possam ameaçar o seu *status quo*. Sendo assim, o ego é um grande protetor de nossos limites. É ele quem decide o contorno de nossas fronteiras e define o que devemos chamar de realidade.

Quando o Eu Consciente não aceita a legitimidade de alguma coisa, segundo o seu próprio julgamento, ele simplesmente a descarta sem um exame mais profundo. Quando algo é rotulado de errado, perigoso, difícil e irreal, todos os seus mecanismos de defesa são acionados. Enquanto isso, o Eu Básico, em estado de alerta, providencia experiências e estados de humor que podem resultar em perturbações psíquicas, como pesadelos, dores de cabeça, compulsões, medos irracionais etc., até que tudo seja compreendido, processado, aceito ou descartado em algum depósito do subconsciente, para talvez emergir muito tempo depois.

O Eu Consciente age dessa maneira para se proteger; porém, isso não deve se transformar em algo que acabe por impedir o nosso crescimento espiritual. No exercício da Parceria Interior, precisamos prestar atenção ao sistema completo, com todos os parceiros interagindo entre si. O Eu Consciente precisa descobrir que existem outras formas de proteção mais abrangentes, além de seus estados reativos. Se prestar atenção à orientação que vem da Alma, ele poderá atender muito melhor as necessidades de uma vida plena.

O hábito de gratificar o Eu Consciente sempre que ele toma as atitudes que um guardião maduro e responsável deve tomar, faz com que a sua auto-estima esteja sempre em equilíbrio. E não há gratificação melhor do que fazer elogios sinceros e afetuosos, que afirmam o lado positivo e construtivo do indivíduo e de suas ações. Com a auto-estima equilibrada, o Eu Consciente fica mais interessado em temas mais elevados e abrangentes e entra em sintonia com a Alma, demonstrando presença de espírito, comportando-se com eficiência e cultivando um forte sentido de sabedoria aqui na Terra.

Pessoas que têm uma boa Parceria Interior com o ego geralmente são flexíveis e adaptáveis. Elas percebem o sentido das mudanças, num mundo que é, por natureza, impermanente e imprevisível. Ter um ego em equilíbrio com os outros parceiros é de fundamental importância, mesmo para os considerados santos ou muito evoluídos espiritualmente. E é importante não confundir uma pessoa que se diz "sem ego", quando ainda o tem, com alguém cujo ego é flexível e saudável, presente quando necessário, sem precisar se auto-afirmar segundo as regras e definições de como deveria ser o seu comportamento. Um ego é sadio quando compreende a verdadeira natureza da Realidade e reconhece que a sua identidade deve ser flexível e atenta ao que vem de todos os outros parceiros internos. As dimensões do seu desamparo, quando percebidas, só aumentam a sua fé na benevolência e perfeição do Universo de Deus, do qual ele é apenas uma de suas infinitas manifestações.

Para se viver a integração e a transcendência do ego, é preciso que, primeiramente, saiba-se que ele existe. É preciso reconhecê-lo e estudá-lo para que seja possível ir além dele. No exercício da Parceria Interior, compete a nós desenvolver um ego saudável, emocionalmente equilibrado e realista, para que possamos ter uma auto-imagem positiva e capaz de lidar com as regras do jogo deste mundo material e ilusório. Até que tenhamos aprendido a atender às nossas necessidades básicas, de maneira saudável e em parceria com o Eu Básico e com a Criança Interior, não teremos um alicerce sobre a qual a nossa Alma amorosa e bela possa se apoiar e nos mostrar a nossa verdadeira face.

O Sentido Sagrado do Eu Consciente

Quando está em sintonia com o Eu Básico, com o Anjo e com a Alma, o Eu Consciente é um aspecto sagrado da nossa natureza divina. Embora sejamos indivíduos e também partes de uma humanidade coletiva, o Eu Consciente está destinado a ser, durante toda uma vida, aquele que é levado a agir e atuar concretamente no mundo para assegurar que as nossas necessidades básicas sejam atendidas. Nós todos temos necessidades de alimento, segurança, prazer, relacionamentos, auto-estima, poder pessoal e amor. O Eu Consciente deverá ser o guardião desses tipos de necessidade e comunicar nossas carências sempre que elas surgirem. Se nos tornamos muito carentes em qualquer área da nossa vida, o Eu Consciente pode manifestar comportamentos desarmônicos, querendo que a sua vontade prevaleça e perdendo, assim, o contato com os outros parceiros internos.

Sabemos o quanto é fácil reagir negativamente às pessoas que estão sendo egoístas, ego-investidas e egocentradas. Pessoas assim existiram desde os primórdios da humanidade histórica (considerando-se que houve uma humanidade pré-histórica e que começamos a viver uma pós-histórica). Para comprovar isso, temos inúmeras fábulas, nas mais diversas culturas e civilizações, que atravessaram o tempo e estão vivas até hoje. Nelas, facetas do ser humano são reveladas e geralmente projetadas na figura de seres do reino animal. Na conhecida fábula da raposa e das uvas, a raposa assume o traço humano da inveja quando, ao ver que não pode ter as uvas, diz que elas estão verdes. Talvez essa fosse uma estratégia dos povos antigos para fazer com que o Eu Consciente percebesse e aceitasse que há muitas lições a aprender sobre a sua condição. Essas fábulas narram aspectos negados e revelam o lado sombrio do ser humano, projetando-o nas figuras de animais. Nessas fábulas também podemos ver a noção de que o Eu Consciente é transformado quando se torna permeável à sabedoria da Alma e deixa que o "animal instintivo" que carregamos dentro de nós seja educado e aprimorado.

Representante da nossa personalidade pessoal e regente da nossa vida consciente e desperta, o Eu Consciente é a parte de nós que "separa", de modo a criar "diferenças". Essa tarefa de separar para diferenciar não deveria ser a causa de tantos desentendimentos; porém, ao longo de eras de evolução, testemunhamos diariamente a dificuldade que o ego humano tem de aceitar diferenças e perceber que a Unidade é feita de diversidade. Os povos antigos provavelmente sanavam esse sério entrave contando histórias, inventando fábulas que retratavam a condição humana e, para não ofender diretamente o ego, usavam uma estratégia muito conhecida dele: a de se projetar na figura de outro ser; no caso das fábulas, na figura de um animal.

Diferentemente do que acontece nas tradições xamânicas, nas quais os animais representam poderes divinos em sintonia com o espírito humano, o animal das fábulas de nossa civilização ocidental é uma caricatura do ser humano. Ele assume o lado negado e tem comportamentos que o Eu Consciente tem dificuldade de aceitar como seu.

Essas representações simbólicas e didáticas inventadas ao longo da história humana talvez sejam uma tentativa de tornar sagrada a controvertida existência do Eu Consciente. E por mais paradoxal que seja, somente a necessidade de uma parceria com o Eu Consciente justifica a elaboração de um livro como este. Afinal, se já estivéssemos plenamente conscientes da nossa unidade divina, nada mais precisaria ser lido ou dito.

CAPÍTULO III

O EU BÁSICO

"Assim como as partes móveis de um tear, o Eu Básico
dirige o nosso corpo, assegurando-se de que cada célula
esteja trabalhando com eficiência e em harmonia
com todas as outras. Nesse trabalho, os nossos Eus Básicos
estão tão interligados com os nossos Eus Superiores quanto
os fios da urdidura que passam pelos liços do tear."

— Sara Marriott, *Uma Jornada Interior* [4]

A sabedoria do subconsciente

O corpo físico e o corpo emocional da maioria dos seres humanos que atingiram um nível mais sutil no desenvolvimento da consciência passaram por vários aprimoramentos e avanços até chegar à forma atual. Isso porque, no processo evolutivo da humanidade, esses corpos continuam evoluindo a cada nova experiência que a Alma integra.

O Eu Básico é a parte subconsciente do nosso Ser Total. Ele carrega consigo grandes responsabilidades. Zela pelo bom funcionamento do corpo físico e aciona as respostas espontâneas do nosso corpo emocional. Dotado de uma sabedoria instintiva, essa parte da nossa consciência supervisiona toda a nossa atividade biológica, que ocorre automaticamente, sem exigir a nossa atenção consciente. O Eu Básico, em sua tarefa de zelar pelo

---

4. *Uma Jornada Interior*, Sara Marriott, Editora Pensamento, SP, 1984 .

perfeito funcionamento do corpo físico, busca o equilíbrio mesmo em situações adversas, cuida para que todos os nossos sentidos respondam aos incontáveis estímulos que recebemos do ambiente que nos circunda e, ao mesmo tempo, registra na memória tudo o que estamos criando a partir do que pensamos, sentimos e experimentamos.

O Eu Básico é visto, por um lado, como o administrador do corpo, o guardião da memória, e é muitas vezes representado, nos contos de fadas, pelo fiel servidor dos príncipes e das princesas; por outro lado, ele registra os aspectos emocionais que nos levam a reagir automaticamente aos estímulos do meio ambiente e, por essa razão, muitas vezes é confundido com a Criança Interior. Isso acontece porque o Eu Básico registra na memória e administra todos os aspectos da Criança Interior: a criança eterna e divina, a criança ferida e humilhada e todas as suas diversas e variadas facetas.

A compreensão da função do Eu Básico como parceiro pode ser a chave para nos tornarmos cada vez mais saudáveis, alegres e vitais, pois ele nos conecta com níveis mais sutis e expandidos da experiência humana.

O Eu Básico como Administrador do Corpo

Como administrador do corpo, o Eu Básico é um parceiro maravilhoso. Ele cuida da boa manutenção de todas as nossas estruturas anatômicas e também dos aspectos fisiológicos de todos os órgãos, além de coordenar o funcionamento dos vários sistemas corporais que necessitam de cuidados e atenção constantes para que possamos permanecer vivos e saudáveis.

O Eu Básico traz em si todo conhecimento que vem dos nossos ancestrais — tanto a nossa herança genética quanto a nossa memória como espécie humana, desde os primórdios da humanidade —, e também toda a experiência vivida nos diversos reinos da natureza e registrada de maneira holográfica. É por meio da experiência do Eu Básico que nos sentimos totalmente interconectados não só com os seres de nossa espécie como também com toda a natureza.

Do momento da concepção até o instante em que a vida se vai de nosso corpo físico, cada célula do nosso corpo se defende, ativa e continuamente, de bactérias nocivas e dos mais variados vírus, das agressões ambientais, quando nos roubam a qualidade da água e do ar, e de todos os tipos de *stress*. E o mais maravilhoso de tudo isso é que o Eu Básico nos defende até das agressões que nós mesmos infligimos ao nosso corpo, sem nos darmos conta disso.

Geralmente falamos a respeito da sabedoria instintiva do nosso corpo, mas nem sempre percebemos o bom humor com o qual o Eu Básico se safa de algumas situações desafiantes. Ele é maravilhosamente criativo em produzir sintomas, quando precisa chamar a nossa atenção: dores, tremores, câimbras, coceiras, inflamações etc. Esses são apenas alguns dos efeitos especiais que o nosso Eu Básico usa para chamar a nossa atenção. Ele também gosta de suspirar, de emitir sons, de provocar erupções cutâneas e de perder a cor, além de emitir gases e odores para chamar a nossa atenção e também dos que estão à nossa volta.

Sempre que surge um problema que põe em risco o nosso bem-estar físico e corporal, o Eu Básico é um especialista em produzir efeitos especiais que nos fazem sentir febris, fatigados, nauseados, nervosos, tensos e assim por diante.

Se refletirmos por alguns instantes sobre o modo como o nosso corpo funciona, iremos perceber uma série de atividades que fogem ao nosso controle. Por exemplo, ao nos alimentarmos, não precisamos pensar sobre o que vai acontecer com o alimento no nosso corpo. Todas as vitaminas, proteínas e sais minerais encontrarão o seu caminho no nosso metabolismo sem que façamos qualquer esforço para isso.

Ao nos referirmos ao Eu Básico, nossa intenção é relacionar o conhecimento que a medicina tem a respeito do funcionamento da nossa biologia e fisiologia com o despertar da nossa percepção para o magnífico parceiro que administra o nosso corpo e nossas emoções de forma tão extraordinária. Atuando de maneira incansável e por toda a nossa vida, esse parceiro interno procura encontrar o equilíbrio, mesmo quando deixamos de cuidar do corpo e abusamos de alimentos e bebidas, ou quando optamos por uma qualidade de vida muito inferior a que seria boa para nós.

Vejamos um exemplo: Martinha tinha problemas de pressão alta, estava pré-diabética e com as taxas de colesterol elevadas. Sem entender bem o porquê de sua condição, pois acreditava que escolhia bem os alimentos, ela decidiu seguir a sugestão de uma amiga de sua filha e iniciar uma dieta alimentar. Para sua surpresa, ela perdeu 8 quilos e se deu conta do quanto estava inconsciente dos abusos que cometia em sua alimentação, pelo fato de acreditar que estava no seu peso ideal. Depois disso, Martinha acordou para o estado de negação em que se encontrava: ela era a única a não perceber o seu excesso de peso e o seu estado de saúde. Jamais prestara atenção às dores de cabeça, aos problemas estomacais, à extrema fadiga e à constante falta de ar: sinais gritantes enviados pelo Eu Básico para alertá-la de que a saúde dela não andava bem.

O Eu Básico, com a precisão de um computador, supervisiona cada célula do nosso corpo, a circulação sangüínea, os batimentos cardíacos e o ritmo da nossa pulsação. Não precisamos pensar ou decidir o que vamos fazer com esse computador, pois em geral estamos inconscientes de todo esse funcionamento e do processo que segue incansavelmente o seu curso.

A inteligência do Eu Básico aparece quando sentimos que alguma coisa não está indo bem com o nosso corpo ou com as nossas emoções. Muitas vezes sentimos algo diferente, ou até mesmo adoecemos, quando temos de encarar uma situação desafiante. Quantas vezes associamos um mal-estar físico a uma situação estressante que vivemos? É comum ouvirmos expressões como: "É claro que o meu estômago tinha de doer depois de tudo o que tive de engolir do meu chefe" ou "Fiquei gripada quando tive de mandar ótimos funcionários embora; fui direto para a cama" ou "Fiquei trabalhando dois dias seguidos sem dormir; não sei como agüentei. Se não fosse a necessidade, teria desmaiado no primeiro dia".

Afirmações como essas mostram uma faceta fantástica da experiência do Eu Básico. Hoje em dia, a inteligência e a consciência do nosso corpo físico são levadas em consideração pela medicina homeopática e antroposófica ou mesmo pela psicologia. Imaginamos que muitas pessoas tenham uma história para contar a respeito de experiências pessoais únicas que desafiaram a medicina tradicional, ou mesmo de situações comuns em que a magnífica colaboração da consciência do corpo contribuiu para a superação de momentos difíceis e de profundo *stress*.

Hoje em dia, a expressão "o corpo fala" é muito comum e se dá muita importância aos cuidados com o corpo e à boa forma. Porém, nem sempre damos ao corpo o que ele realmente necessita e, apesar de ele falar conosco, parece que ignoramos essa comunicação e deixamos que ele se desespere a ponto de ter de gritar para ser ouvido. O Eu Básico está sempre disposto a colaborar com a nossa saúde, bem-estar e equilíbrio, mas somos nós que temos de tomar consciência e convidá-lo a ser um grande colaborador na estabilização das nossas emoções.

A capacidade de autocura desse nível de consciência pode operar milagres e fortalecer o nosso sistema imunológico. Se refletirmos profundamente sobre a maneira como nos curamos, veremos que toda cura é uma autocura. Se o nosso sistema imunológico não estiver suficientemente sadio e forte, as drogas, as ervas medicinais e até mesmo a mais moderna tecnologia nada poderão fazer por nós. Elas podem eliminar sintomas, mas não a causa da doença.

Para se ter um sistema imunológico saudável, com o vigor e o brilho da Alma refletidos no nosso corpo, é necessário que estejamos continuamente cooperando com o Eu Básico. Atitudes positivas e conscientes são como convites para que o Eu Básico participe ativamente da saúde do corpo físico-emocional e possa catalisar o potencial de cura do nosso Ser Total.

O corpo perfeito é esse que temos agora, pois ele é o corpo que o Espírito de Vida criou, como sua expressão última na matéria física. A sua beleza se manifesta quando a força vital é expressa de modo livre e espontâneo. Isso é o que podemos observar quando crianças estão brincando ou se movimentando naturalmente. Os animais também demonstram essa graciosidade em seus movimentos. À medida que crescemos, por não termos consciência do Eu Básico, condicionamo-nos a não confiar na energia de vida que está presente no nosso corpo. E pagamos caro por isso.

Para o corpo expressar sua beleza verdadeira e única, precisamos desenvolver um relacionamento cooperativo e amoroso com o Eu Básico. A saúde e o bem-estar do corpo estão inteiramente ligados ao nosso bem-estar emocional e mental. Se nos sentimos emocionalmente seguros e preenchidos, ficamos mais saudáveis, vitalizados e criativos. Mágoas, conflitos e bloqueios emocionais se refletem e se expressam de modo negativo no nosso corpo.

Os sentimentos que temos em relação ao nosso corpo estão diretamente ligados a nossa auto-estima e com o que sentimos e pensamos a respeito da nossa identidade pessoal. As questões do corpo são profundas e complexas, porque as dificuldades emocionais interferem no nosso relacionamento com o alimento, nos fazem perder ou ganhar peso e podem causar distúrbios com relação à alimentação.

O modo como nos alimentamos tem raízes emocionais profundas na infância e na família e pode causar problemas como comer demais ou de modo insuficiente (compulsão ou anorexia), baixa auto-estima, medo de intimidade nos relacionamentos.

Aprender a conversar e cooperar com o Eu Básico é de vital importância para que a nossa energia pessoal flua naturalmente. Dormir bem, ingerir alimentos de qualidade, repousar e se exercitar adequadamente são atitudes que fortalecem o nosso sistema imunológico.

O Eu Básico é sábio e nos avisa, em geral com sinais corporais ou mesmo emocionais, quando é melhor que evitemos uma determinada situação. É comum ele nos causar mal-estar e criar impedimentos para seguirmos nosso planos; mais tarde, vamos descobrir que, se tivéssemos feito o planejado, poderíamos ter vivido, desnecessariamente, uma experiência desagradável.

O Eu Básico está ligado aos nossos instintos e também à nossa Alma, porém de um modo nem sempre perceptível ao Eu Consciente. A ação do Eu Básico é subconsciente; toda a nossa atividade orgânica está acontecendo, simultaneamente, enquanto pensamos, sentimos e atuamos na vida. Entretanto, os sinais, reações e respostas que ele nos envia, de modo *subconsciente*, estão ligados à percepção mais ampla e abrangente da Alma.

O Eu Básico e a Alma

A relação subconsciente do Eu básico com a Alma é muito interessante. Sabemos que, ao nascer, trazemos para esta vida todo um potencial de experiências que vão sendo trabalhadas nesta existência. Também trazemos diversos desafios físicos, emocionais e mentais, que deverão ser resolvidos por nós durante o processo de evolução do nosso Ser. Se estivermos conscientes do que esses desafios podem trazer para nós, podemos encará-los de modo diferente e nos libertar do medo e das angústias que afetam a nossa vida. Milagres podem acontecer quando, por exemplo, uma pessoa com uma doença grave e passando por grande sofrimento, em vez de se sentir fraca e desesperada, enfrenta a situação com força e coragem, tornando-se alvo de admiração de todos que a rodeiam. Pode-se dizer que existe clareza e autenticidade na relação entre o Eu Básico e a Alma dessa pessoa, fazendo-a escapar das armadilhas do ego que, por crenças profundas, poderia desencorajá-la diante da temível doença e fazê-la se entregar aos medos comuns.

No processo da Parceria Interior, é muito importante que o Eu Consciente aprecie, reconheça e valorize o trabalho extraordinário que o Eu Básico realiza nos níveis subconscientes de nosso Ser Total. Quando recebe atenção e afeto, o Eu Básico cumpre plenamente a sua função de administrador do corpo e participa conscientemente do processo da Parceria Interior, ampliando ainda mais a sua percepção. Ele passa a acessar níveis de percepção antes atribuídos ao Eu Consciente e este, por sua vez, pode se tornar perceptivo a níveis mais intuitivos e sábios que, antes, estavam latentes e só ao alcance da Alma; e a Alma pode se tornar ainda mais consciente e sensível a níveis universais e cósmicos numa progressão infinita. Na tradição dos Kahunas do Havaí, esse processo é chamado de "a progressão dos eus", ou seja, a parceria e a cooperação consciente entre os diferentes níveis da consciência faz com que cada nível progrida, sem se limitar às definições que até então lhes eram atribuídas. Quando o paradigma da cooperação e da parceria está em ação, o processo evolutivo do todo não tem fim. Na verdade, essa cooperação consciente entre os diferentes níveis de nossa família interior de Eus faz com que o Ser Integral fique cada vez mais consciente, numa só consciência, num só Espírito Divino.

O Eu Básico e o Ato de Respirar

A respiração é o nosso elo fundamental com a vida. Da primeira à ultima respiração no ciclo de uma vida, o Eu Básico é o parceiro que está sempre respirando por nós. A respiração é, portanto, o ponto de contato mais importante e imediato com esse parceiro interno. Por intermédio dela, renovamos a cada instante o elo vital com a vida e com a equipe de parceiros em nossa consciência.

Tudo à nossa volta respira: os animais, as plantas e até as pedras, cada um deles em seu próprio ritmo e segundo a sua biologia. A respiração é o elemento de ligação de tudo o que existe na biosfera terrestre, pois estamos todos em contato com o mesmo ar que nos dá a vida.

Quando, num grupo de trabalho, alguém sugere que as pessoas façam uma roda, dêem-se as mãos e fiquem em silêncio, prestando atenção a como estão respirando, elas não só se lembram de algo vital como a respiração, como também convidam o seu Eu Básico a participar. Mesmo que, individualmente, as pessoas não estejam conscientes do valor dessa prática, subconscientemente todos estarão se beneficiando, pois o Eu Básico receberá de modo muito positivo esse convite para participar. Ele vibra na consciência dessa interligação, que o nosso Eu Consciente muitas vezes ignora ou não reconhece o valor. Associar o ato de respirar com algo positivo, belo e pró-ativo é tremendamente terapêutico e edificante para o eu Básico.

A menos que estejamos fazendo um exercício respiratório, seja por uma necessidade médica ou num ritual de cura ou meditação, o ato de respirar é realizado pelo nosso subconsciente. Não nos ocupamos com a respiração e, se voltarmos a atenção para ela, acabamos até atrapalhando ou alterando o seu ritmo. Enquanto permanecemos completamente inconscientes da respiração, o Eu Básico está inteiramente no comando dela, no nível da subconsciência, mantendo-nos vivos e vibrantes. Como a respiração é o nosso elo de contato com o Eu Básico, sempre podemos fazer um contato direto e imediato com ele alterando propositalmente a nossa respiração. Assim que nota alguma interferência, o Eu Básico imediatamente aciona o alarme para chamar a atenção de todos os sistemas do corpo. Para falar com o Eu Básico, basta prender ou soltar a respiração conscientemente, para dar um alô a esse parceiro interno. Há um exercício prático muito simples para contatar o Eu Básico que apresentamos a seguir:

Expire rapidamente, várias vezes seguidas, prestando atenção apenas ao ato de soltar o ar, até chegar no seu limite e precisar inspirar novamente. Nesse instante, entregue-se e deixe que o Eu Básico faça a inspiração por você (como se ele estivesse vindo em seu socorro), preenchendo-o com o ar vital.

Quando o ar chega aos seus pulmões por meio da inspiração (que aconteceu sem que você precisasse fazer nenhum esforço), você o reconhece, sente a sua presença e o agradece, chamando-o pelo nome. Pode dizer, por exemplo, "Obrigada, Angelina!" (mais adiante veremos essa questão de nomear o Eu Básico). Você também pode ser uma testemunha silenciosa, ciente de que aquela inspiração não foi feita por você, mas pelo Eu Básico, o guardião dessa fundamental tarefa. Assim você percebe claramente que ele está respirando *por e com* você durante todos os dias de sua vida.

Um outro exercício simples pode nos levar a níveis profundos do Ser, enquanto fazemos alguma atividade como meditar e focar a atenção ou mesmo quando estamos diante de uma tarefa simples que desejamos realizar com toda a nossa consciência desperta. Esse exercício consiste em inspirar e expirar profundamente por três vezes, aprofundando a respiração a cada vez. Na última respiração, já estaremos em contato com nosso querido parceiro.

O Yoga do Eu Básico

Um dos legados mais extraordinários da tradição do Yoga, que preserva a sabedoria milenar e eterna do Oriente, refere-se ao íntimo relacionamento que existe entre consciência e respiração. A respiração é chamada de *prâna*, ou energia vital, que dá vida a todos os seres e é denominada fonte transcendental de toda a vida ou poder vibratório que está por trás de toda manifestação. A tradição do Yoga faz uma distinção entre a força de vida universal e a força de vida individual, embora o ar (energia vital) que vivifique um ser individual seja parte inseparável da força de vida universal. Em alguns tratados do Yoga, esse *prâna* individualizado é identificado com a psique, e reside no coração.

Segundo os ensinamentos milenares do Yoga, esse tipo individual de *prâna* tem cinco aspectos: (1) *prâna*, a respiração ascendente que parte do umbigo ou do coração e inclui tanto a inspiração quanto a expiração; (2) *apâna*, a respiração associada à metade inferior do tronco; (3) *vyâna*, a respiração difusa que circula em todos os membros; (4) *udâna*, a respiração para o alto, responsável pela eructação, pela fala e pela qualidade da atenção em estados mais elevados de consciência; e (5) *samâna*, a respiração localizada na região abdominal, que se conecta com os processos digestivos.[5]

Essas cinco respirações principais são chamadas de porteiros do mundo celestial, sugerindo um entendimento esotérico e um relacionamento próximo entre a respiração e a consciência. Compreende-se, então, porque essa percepção levou à criação das várias técnicas de controle da respiração, chamado de *prânâyâma*. (Os termos sânscritos *prâna* e *apâna* também são usados com os significados de inspiração e expiração, respectivamente.)

---

5. *Enciclopédia do Yoga*, Georg Feurstein, Editora Pensamento, SP, 2006.

Acredita-se que essa força vital circule pelos 72 mil canais (*nâdî*) e alimente todos os órgãos do corpo, ou flui ao longo deles. Esse intricado padrão formado pela energia vital é concebido como criador de um campo distinto, o qual podemos relacionar ao corpo energético da tradição chinesa (meridianos) e à própria anatomia esotérica da tradição do Yoga (chakras).

Como a respiração e a consciência estão intimamente ligadas, torna-se clara a função do Eu Básico como elo afetivo de ligação fundamental para uma perfeita comunicação entre todos os nossos parceiros.

Esse elo afetivo é essencial para a cooperação mútua entre os níveis de consciência do Eu Básico e do Eu Consciente. Quanto mais o reconhecemos, mais um relacionamento consciente se forma, mais percebemos as nossas interdependências e mais inteligência e consciência de unidade circulam pelo Ser inteiro. Ficamos mais atentos ao que está acontecendo nas dimensões subconscientes e somos alertados de coisas que podem ser extremamente valiosas para a nossa vida aqui na Terra. A visão do Eu Consciente se amplia e desenvolvemos a capacidade de perceber os diferentes níveis de consciência e as facetas do nosso Ser Integral, ao mesmo tempo que nos relacionamos direta e afetivamente com eles, como numa família em que todos se amam.

Nas abordagens corporais em que a relação entre a psique e o corpo é tratada, o elo principal entre essas duas instâncias é a respiração. Há uma profunda relação entre a respiração e o despertar de experiências psicológicas mais profundas, como o medo, a ansiedade e a memória de vidas passadas. Podemos usar uma linguagem médica ou uma linguagem espiritual para falarmos dessas experiências, mas o fato principal é que compreensões sobre nós mesmos vêm à tona e são liberadas pelo Eu Básico, quando aprofundamos o nosso relacionamento com a respiração.

O Eu Básico e os Ativadores Subliminares

Parte do mistério que se revela nesse processo com a respiração também pode ser relacionado ao que, no Yoga, é chamado de **ativadores subliminares** (*samskara*). Essa expressão refere-se às impressões indeléveis que são deixadas no subconsciente ao longo das experiências diárias, de modo consciente ou inconsciente, motivadas por experiências internas ou externas.

O termo sugere que essas impressões não são meros vestígios passivos das ações e volições da pessoa, mas forças extremamente dinâmicas na sua vida psíquica. Essas impressões estão constantemente impelindo a consciência a agir. O Yoga distingue duas variedades de ativadores subliminares: aqueles que levam à externalização da consciência e aqueles que causam a inibição dos processos da consciência. Na prática do Yoga, o indivíduo é estimulado a cultivar esse último tipo de ativador, já que a meta final do yogin é alcançar a condição do êxtase (ou a iluminação). Isso evita a geração de mais ativadores subliminares, ou seja, de **traços** subconscientes criados pelo exercício do desejo e registrados pela mente subconsciente nos campos da memória. Segundo um dos incontáveis aforismos do Yoga: "Enquanto a mente não é dissolvida, as marcas também não são eliminadas. Enquanto os traços não definham, a mente também não fica tranqüila".

De acordo com os ensinamentos do Yoga, a mente apresenta um número incontável desses ativadores subliminares, que só são purificados ou transformados pela ação consciente do indivíduo. Em geral, esses ativadores ficam mais evidentes nos grupos familiares e nos relacionamentos de longo prazo. São eles que desencadeiam os comportamentos e respostas automáticas diante de situações que se repetem ou diante da reação emocional de um membro da família, fazendo com que seja difícil esquecer, perdoar, ou até mesmo mudar uma emoção ou resposta repetitiva.

Quando a transformação desses conteúdos acontece, isso se compara a uma semente torrada que não mais germina nem gera novos conteúdos. Quando esses ativadores não sofrem uma transformação, são considerados a causa da reencarnação. Isso acontece porque o subconsciente é chamado de lugar de repouso ou depósito da ação, onde se encontram todos os ativadores subliminares que compõem a estrutura do próprio subconsciente, ou a memória do profundo. Os resíduos dessa ação é que determinam o nascimento de um indivíduo, seu tempo de vida e sua experiência pessoal. Para que a iluminação ocorra, esses resíduos de ação têm de ser transcendidos.

Na prática da Parceria Interior, procuramos criar uma relação consciente com esses conteúdos e manter uma atitude positiva e criativa para transformá-los. Por exemplo, ao perceber que estamos diante de um padrão negativo de pensamento ou de sentimento, podemos imediatamente respirar e tomar a decisão de manter uma atitude positiva que sirva de apoio ao Eu Básico. O exemplo a seguir ilustra isso:

Roberta estava com um grupo em viagem pela Índia. Enquanto visitavam o eremitério de um conhecido mestre indiano, ela se viu naquilo que ela mesma chamou de "campos de indignação raivosa". Percebeu que estava reagindo com uma emoção de raiva a certos acontecimentos. Sabendo da sua dificuldade de encarar essa emoção e de admiti-la, ela começou a observá-la atentamente e a dialogar com o seu Eu Básico por meio da respiração. Como ela havia decidido abrir cada vez mais seu coração ao amor de sua Alma, passou a prestar atenção à emoção de raiva sempre que ela aparecia e aos poucos foi se acalmando. A situação se repetiu algumas vezes e, a cada vez, Roberta se esforçava para respirar e dialogar interiormente com o Eu Básico, até que a transformação da emoção fosse completamente processada. Num certo momento, ela se viu respondendo de modo firme mas sereno a uma atitude de total desconsideração e falta de polidez de um atendente do supermercado do eremitério. No dia seguinte, em uma visita à livraria, ela apanhou um livro ao acaso para ficar um pouco mais inteirada do local e descobriu que havia uma descrição simbólica do jardim principal que ficava em frente aos aposentos do Mestre e que ela gostava muito de contemplar. Ao ler a descrição, ela descobriu que o jardim, na verdade, simbolizava o Yoga ali praticado. Havia uma pilastra no centro que sustentava uma flor de lótus, símbolo do Lótus do Coração aberto e iluminado. Os círculos concêntricos ao redor da pilastra indicavam os estágios do caminho, que, trilhado corretamente, levava à abertura do Lótus do Coração. O primeiro círculo representava o desejo; o segundo a raiva; os dois degraus que levavam à pilastra, o ódio; o espaço aberto e o gramado em torno representavam o amor e o que estava além dele: a bem-aventurança. De repente, Roberta percebeu que estava fazendo parte do Yoga que se praticava ali e que para abrir o coração, como ela mesmo se dispusera, era preciso estar consciente da existência de todos aqueles campos. O campo da raiva — não só a sua, mas a coletiva — era o que mais a afetava, e ela precisava aceitá-lo e transformá-lo se quisesse estar cada vez mais consciente da flor de lótus em seu coração. A partir de então, o que estava sendo ativado subconscientemente passou a fazer parte de seu campo de consciência e ela passou a ser menos influenciada pela ação de alguns ativadores subliminares que a levavam a ter reações e comportamentos automáticos. Conscientizando-se deles, podia agora compreender bem o mecanismo da raiva em sua consciência e usá-lo em favor de sua evolução espiritual, por intermédio de um diálogo consciente com o Eu Básico.

Dando um nome ao Eu Básico

Dar um nome ao Eu Básico é um passo muito importante nesse tipo de relacionamento cooperativo e íntimo que estamos propondo. Como formamos uma família interior, é de vital importância que saibamos nos reconhecer pelo nome. Em algumas pessoas, sejam elas do sexo masculino ou feminino, o Eu Básico pode ter uma energia mais masculina ou mais feminina, e o nome, portanto, deve ser escolhido de acordo com essa percepção. O processo de nomeação pode se dar de várias maneiras: (1) Podemos sonhar com um nome ou intui-lo; (2) Podemos pedir a sugestão de alguém que nos conheça bem; (3) Podemos escolher um nome mítico, de algum herói ou heroína da infância; (4) Ou, simplesmente, podemos escolher um nome de que gostamos e que pareça verdadeiro para nós. No exercício de contato com o Eu Básico que apresentaremos posteriormente, isso pode acontecer naturalmente. A experiência vivida por Sônia ilustra bem esse ponto:

"Numa tarde, há vários anos, quando me iniciava nos estudos da Parceria Interior, eu esperava um dos instrutores que conheci em minha vida, pois havíamos marcado um encontro na biblioteca da comunidade em que vivíamos, para que ele me esclarecesse sobre o tema. Queria muito ouvir a opinião dele e conhecer a sua visão sobre essa questão do Eu Básico, um conceito que Sara Marriott conhecia bem e exemplificava, mas que ainda não estava tão claro para nós. Conceitos, teorias, vivências e experiências envolvendo o ego e a Alma eram abundantes. Entretanto, o Eu Básico era um completo estranho em nosso campo de estudos e aprendizagens até então.

"Cheguei antes do horário marcado e, enquanto esperava, senti-me inspirada a pegar um livro numa estante próxima. Peguei um cujo tema eram os contos de fada. Abri o livro ao acaso e comecei a ler a história "O Rei Sapo". Quanto mais lia, mais aumentava o meu interesse. Embora eu ainda não soubesse, o ato de ser levada até aquele livro já era uma demonstração plena da minha Parceria Interior em ação.

"Comecei a me interessar pela princesa da história, principalmente quando, em vez de beijar o sapo, ela o jogou contra a parede, para imediatamente vê-lo se transformar num belo príncipe. Imaginava que logo a história teria um fim com o encontro e o reconhecimento da princesa e do príncipe, depois de este, finalmente, se libertar do feitiço. Mas o final feliz não se apresentou de imediato, pois o príncipe esperava por Henrique, seu servidor fiel, que viria numa carruagem ao amanhecer para levar tanto ele como a princesa para o seu novo lar.

"O aparecimento de Henrique foi algo inteiramente novo para mim. Nas histórias do "Rei Sapo" que me haviam sido contadas, a princesa beija o sapo, ele se transforma num príncipe, os dois se casam e são felizes para sempre. Fiquei assim encantada com a presença de Henrique, o servidor fiel que jamais abandonou o príncipe e que estava pronto para levá-lo de volta, junto com a princesa, ao seu reino. E mais surpresa ainda fiquei quando, durante a viagem de volta ao lar real, o príncipe escutou alguns estalos e imaginou que havia algo errado com as rodas da carruagem. Quando ele perguntou a Henrique sobre a razão do barulho, o servo lhe disse:

A roda não está quebrada.
É uma faixa apertada,
que meu peito protegia
quando eu por ti corria,
e trago ainda ligada.

"Foram ouvidos mais dois estalos e, embora o príncipe pensasse que vinham das rodas da carruagem, Henrique lhe assegurou de que vinham das outras duas faixas que rodeavam o seu fiel coração, a fim de que ele não se despedaçasse com o sofrimento e a preocupação que o constrangiam desde que seu senhor fora transformado em sapo. Agora, essas três faixas apertadas se soltavam e ele estava descansado e muito feliz.

"Essa revelação foi algo tão extraordinário para mim que batizei o meu Eu Básico com o nome de Henrique. Desde então, ele tem sido um fiel escudeiro que cuida de todas as minhas funções corporais e administra a minha vida subconsciente, segundo o melhor, ou o pior, que posso lhe oferecer. Sempre que me transformo em sapo ele sofre e sinto o nosso coração apertado. Mas os beijos ou tapas da vida me acordam e seguimos em frente na nossa carruagem, como uma família interior que quer decididamente cooperar com o cumprimento do nosso destino humano-divino.

"Para que naquele dia a revelação fosse completa, um outro evento sincrônico e muito bem humorado deixou o dia pleno. Durante o jantar, eu conversava com Sara Marriott sobre o ocorrido e contava-lhe como a compreensão do Eu Básico havia se ampliado a partir do meu encontro com a história do "Rei Sapo". Ao deixar o refeitório, dirigimo-nos para o *hall* de entrada do Centro Comunitário e lá chegando vimos, sob a luz que iluminava aquela pequena área, um belo sapo de cor esverdeada que nos fitava com a majestade de sua inteireza. Olhamos uma para a outra e explodimos em risos de alegria pela oferenda tão bem humorada do Universo."

Como podemos ver, são muitas as histórias sobre como o Eu Básico encontra o seu nome na sua relação conosco. O importante é que encontremos uma maneira afetuosa de nomeá-lo e que ela soe verdadeira para nós.

Exercício: Encontrando e Nomeando o Eu Básico

Sugerimos que, antes de iniciar este exercício, você o leia algumas vezes até que se sinta confortável para executá-lo da maneira adequada. Se você tiver possibilidade de realizá-lo com outra pessoa, ela poderá lê-lo para você pausadamente, depois de preparado o ambiente. Procure um lugar tranqüilo para ficar por algum tempo. Evite qualquer interrupção, pois você estará se abrindo para entrar em contato com dimensões mais sutis de sua consciência. Se quiser, prepare algumas perguntas para fazer ao seu Eu Básico.

Sentado com a coluna reta, procure manter uma postura relaxada e tranqüila. Dê-se o tempo necessário para que isso aconteça. Feche os olhos e deixe sua mente aquietar-se; mesmo que os pensamentos venham, deixe-os partir. Respire profundamente por três vezes de forma consciente e continue respirando com calma.

Prepare-se para ir ao encontro do seu Eu Básico. Deixe o sentido da visão interior se expandir.

Visualize um caminho bonito, prestando atenção aos detalhes, e siga esse caminho e até chegar à entrada de uma floresta encantada... Siga sempre em frente, embrenhando-se cada vez mais na flo-

resta, seguindo um caminho que vai surgindo dentro dela... Respire sempre com calma e deixe sua imaginação e intuição guiarem sua mente... A floresta encantada está cheia de luz e de aventura. Perceba o ar que você está respirando, a temperatura do lugar, a vegetação à sua volta e não se esqueça de respirar... Sinta que você está seguindo na direção de uma clareira no meio da floresta, indo ao encontro de alguém que também está vindo ao seu encontro. Aliás, vocês já são muito íntimos, já se conhecem desde seu nascimento, mas você ainda não prestou a devida atenção a ele. A qualquer momento, você estará diante do seu Eu Básico... Esta é a hora... Espere um pouco... Permaneça na floresta encantada e ao entrar na clareira você o verá.

Assim que o vir, perceba como ele (ou ela) é... Veja como ele se apresenta a você... Sinta a sua presença e dirija-se a ele com confiança e tranqüilidade... Entre em contato com ele, receba-o com alegria e veja se ele tem algo a lhe revelar. Veja se ele lhe traz algum símbolo e preste atenção, enquanto respira e permanece relaxado, a tudo que pode surgir em sua consciência nesse momento... Esse é o momento de perguntar o nome dele ou de lhe dar um, caso ele lhe ocorra no momento ou você já saiba que nome é esse... Decida que a partir de agora você vai chamá-lo pelo nome e dialogar com o seu parceiro interno sempre que necessário.

Agradeça ao seu Eu Básico por todo o cuidado que ele tem dedicado ao seu corpo e bem-estar. Despeça-se e veja se esse parceiro quer deixar alguma mensagem para você... Fique o tempo que for necessário para perceber alguma coisa; se nada acontecer, não se preocupe, apenas registre o que lhe chega à consciência.

Agora você vai fazer o caminho de volta até a entrada da floresta. Faça isso no seu tempo e traga consigo todas as percepções e insights que possa ter recebido durante o exercício. Abra os olhos lentamente e traga a sua percepção de volta para o lugar em que você se encontra, respirando profundamente. Anote os pontos mais importantes dessa experiência.

Se desejar faça suas anotações aqui:

O nome do meu Eu Básico é _____

_____

_____

_____

_____

_____

O Eu Básico como o Servidor Fiel

A principal característica da consciência do Eu Básico é a de servir ao Eu Consciente, sem questionamentos e com total fidelidade. O Eu Básico obedece cegamente às crenças do Eu Consciente. Como na história do "Rei Sapo", ele fica com o coração apertado e sofre todas as dores do príncipe, ao mesmo tempo que atende incansavelmente a todas as suas ordens.

O Eu Básico procura atender a tudo o que pensamos e desejamos, pois sem nenhum poder de discernimento, ele acredita em qualquer enunciado, afirmação ou comando que emitamos. Um exemplo simples é o que chamamos de "a crença no difícil", que a maioria das pessoas incorpora sem refletir profundamente. Ao afirmamos que algo *vai ser difícil* ("É difícil falar com ela.", "É difícil aprender a dirigir.", "É difícil aprender um idioma estrangeiro.", "É difícil convencer o meu marido.", "É muito difícil resolver essa situação.", "É difícil fazer mudanças" etc.), não percebemos que o nosso fiel servidor, pela sua própria natureza, irá fazer com que as coisas se tornem *o mais difícil possível* para nos agradar.

O Eu Básico não julga se a crença no difícil é algo negativo ou positivo para a pessoa que crê e, por essa razão, ao relacionar-se com o hábito que valida a crença no difícil, ele procura imediatamente criar as dificuldades para atender ao pedido feito. Por outro lado, muitas vezes não percebemos que acreditar no difícil pode ser uma maneira que encontramos para não resolver ou encarar uma situação. Quando tememos algo, como por exemplo, iniciar um diálogo com alguém que nos magoou ou ver uma situação sob uma nova perspectiva, é comum dizermos, "Isso vai ser difícil". Na verdade, precisamos fazer alguma mudança no nosso comportamento ou na nossa crença para facilitar a solução do problema e, quando não temos vontade de fazer isso, optamos pelo difícil. (É interessante perceber que a palavra "difícil" é uma combinação da palavra "fácil" e do prefixo "di". Costumamos acrescentar uma pitada de humor a essa percepção dizendo que 80% do *difícil é fácil*.)

O fato de colocar dificuldade numa situação pode ser visto pelo Eu Consciente como uma forma de agregar valor, quando somos motivados por uma outra crença, ainda mais subjetiva, segundo a qual o que conseguimos com facilidade não tem valor. Com isso, o Eu Consciente está dizendo que precisa que as coisas sejam complicadas e difíceis para que possa se sentir valorizado. O problema é que, se expressamos isso para o Eu Básico, ele vai receber como um pedido de serviço. E assim, sem entendermos por quê, nós nos sentimos desvitalizados ao enfrentar o problema, principalmente quando ele se repete. Precisamos agir e não temos a energia necessária para tal. Vem a preguiça, o sono, parece que nos sentimos desanimados e mesmo cansados. A inércia e até mesmo o desespero e a depressão podem nos apanhar nessa hora. Essa é a forma que o Eu Básico encontra para dificultar o caminho. Mas não fomos nós que dissemos que ia ser difícil?

Na prática da Parceria Interior, quando nos relacionamos com o Eu Básico para mudar essa crença, ou qualquer outra, assim como mudar hábitos que já não nos servem mais, o que fazemos é reconhecer, em primeiro lugar, que somos nós mesmos que estamos acreditando na dificuldade. Reconhecemos a ação do nosso parceiro e afirmamos que estamos decididos a mudar de atitude. Podemos, por exemplo, dizer que estamos diante de um desafio e que o aceitamos e o reconhecemos como parte da nossa aprendizagem e crescimento. Geralmente, o desafio é algo que aceitamos muito mais positivamente, pois nos remete à coragem, à energia e à disposição para encará-lo destemidamente. Podemos dizer que sabemos que vai ser um processo e que, no tempo certo, chegaremos ao pleno entendimento e encontraremos a melhor solução. Dessa forma, o Eu Básico vai procurar os recursos internos e colocá-los à nossa disposição, ao mesmo tempo em que procurará abrir a nossa ligação com a Alma, a qual, por sua vez, vai ampliar ainda mais o leque de possibilidades positivas e criativas. (Pode ser que, para algumas pessoas, a crença no desafio também seja uma crença negativa; nesse caso, é preciso encontrar a afirmação que seja mais positiva para a situação.)

A educação que recebemos contribui para a formação de crenças negativas em nome da etiqueta social. Podemos pensar, por exemplo, que não é educado nem elegante sermos positivos com relação às nossas qualidades, pois isso pareceria arrogância e falta de modéstia; preocupamo-nos em não incomodar os outros, pois poderiam reagir negativamente quando reconhecemos nossos talentos e dons. Essa atitude acaba enviando uma dupla mensagem para o Eu Básico. Ele sabe do que somos capazes, mas o tempo todo ficamos dizendo para ele não acreditar nisso. Escondemos nossos talentos e, depois de um certo tempo, passamos a não mais confiar no que somos e na possibilidade de expressar a realidade do nosso Ser. É comum ouvirmos as pessoas dizerem o quanto elas são incapazes, inseguras e, principalmente, o quanto não confiam em si mesmas. Mesmo entre as que realizam um trabalho muito bom, são comuns frases do tipo: "Acho que sou uma fraude", "Acho que estou enganando todo mundo"; depois, quando não são reconhecidas, reclamam que a vida não lhes é favorável. Ser capaz, ter segurança e confiar em si mesmo exige trabalho, coragem e ousadia, qualidades pouco estimuladas no núcleo familiar e, algumas vezes, até mesmo mal interpretadas. Nesse caso, o Eu Básico fica sem saída e, apesar de saber o que deve ser feito, ele obedece ao pensamento que vem do Eu Consciente, que acaba cometendo erros piores e causando infelicidade. Precisamos ajudá-lo deixando de "falar mal de nós mesmos", deixando de acreditar em nossas incapacidades e, principalmente, parando de alimentar os nossos medos.

Estamos vivendo um momento planetário no qual é preciso saber usar o poder pessoal corretamente. A palavra *poder* parece muito forte para muitos, mas seu significado está mais ligado ao poder que vem de Deus para nós, do que ao poder que o nosso ego acredita que tem por conta própria. Tornar-se poderoso é o mesmo que "conhecer-se totalmente a si mesmo". É claro que isso não significa ser melhor que os outros, mandar nos outros para que nos dêem importância ou travar um relacionamento sempre com a intenção de ser reconhecido, amado, idolatrado, etc. Tornar-se poderoso significa colocar a auto-estima em seu devido lugar e perceber que se tem o poder de ser, de realizar coisas e de enfrentar a vida com segurança e confiança. O poder só pode vir de Deus, que nos guia com a sua Luz e nos preenche de Vida em abundância. Ao levarmos o Eu Básico a confiar nesse poder de ser, criamos uma condição que é extremamente saudável para a administração do corpo e, conseqüentemente, para a saúde.

Um outro aspecto do servidor fiel é a fidelidade do Eu Básico aos nossos hábitos, às nossas crenças e a tudo aquilo que, conscientemente, definimos como verdadeiro. Cada vez que cultivamos um hábito em nossa vida, avisamos ao Eu Básico que isso precisará ser repetido. Dessa forma, rapidamente ele irá nos servir, estimulando em nós a vontade de repeti-lo, até nos tornarmos dependentes daquele hábito, ao ponto de chamá-lo de necessidade. É incrível a capacidade que temos de cultivar hábitos e mantê-los por décadas! Todos sabemos que é um desafio abandonar um hábito. É necessário lembrar conscientemente, a cada instante, que não queremos mais o hábito. Precisamos repetir muitas vezes essa afirmação.

Quando damos um nome ao nosso Eu Básico podemos falar com ele de modo mais firme, assim: "Henrique! Quero mudar esse hábito. Quero utilizar esse tempo para conversar e me divertir com as pessoas queridas. Vamos mudá-lo, isso é muito bom para nós!" Sempre com frases claras, positivas e afirmativas.

Portanto, se afirmarmos várias vezes o novo comportamento que queremos manifestar, com uma atitude positiva e uma intenção clara, e se demonstrarmos, na hora que o hábito ameaça aparecer, que estamos decididos a mudá-lo, o Eu Básico não acionará mais o "piloto automático" (para ligar a TV, reagir negativamente, comer, beber ou falar o que não queremos mais). Quando menos esperamos, nossa atitude estará mudada. O hábito começa a perder força diante de nosso servidor fiel e poderemos mudá-lo com mais facilidade.

É de extrema importância que as afirmações sejam sinceras, positivas, verdadeiras e plenas de uma decisão consciente, porque o Eu Básico conhece muito bem o "submundo" de nossas emoções negadas e não reconhecidas, pois ele é acionado por elas. Diante da ambigüidade e da ambivalência, ele tende a manter o velho hábito vivo; isso significa que não estamos sendo inteiramente sinceros e honestos conosco. Ele sempre servirá, fielmente, à nossa coerência.

O Eu Básico e o Piloto Automático

Quando estamos desatentos, fazemos coisas que são como ordens para o nosso Eu Básico e ele, por sua vez, deixa que tudo siga o seu rumo ligando o piloto automático. Uma situação clássica que criamos e vivemos diz respeito a fazer as coisas de maneira tão desconectada e desatenta que, quando nos damos conta, já estamos diante de uma sensação de medo ou paranóia, causada pela incerteza que resulta da nossa própria desatenção. Isso se manifesta quando, por exemplo, saímos apressados e, depois de ter descido quinze andares, ainda no elevador, nos perguntamos: "Tranquei ou não tranquei a porta antes de sair?", "Será que desliguei o ferro elétrico?" ou "Será que desliguei o forno?" Como o Eu Básico foi deixado no piloto automático, ele cria esse branco na memória. Isso fica ainda mais forte porque não temos a imagem consciente de nós mesmos fazendo a ação. Por mais que tentemos, não conseguimos ter certeza do que fizemos e, geralmente, ficamos paranóicos. O Eu Básico, pelo fato de termos realizado a ação completamente inconscientes ou desligados, não ativa imediatamente a memória da ação realizada, deixando-nos confusos. Paradoxalmente, essa sensação de medo e dúvida é uma forma de comando para o Eu Básico, que a traduz da seguinte maneira: "Não lembre, não lembre, sentir medo, sentir medo...". E quanto mais assustados e paranóicos, mais travamos o acesso aos arquivos de memória do Eu Básico.

Quando isso acontece, é importante relaxar, respirar várias vezes, conversar com o Eu Básico, mostrar-lhe que um novo estado emocional está presente e dizer-lhe que sabemos que ele se lembra de tudo o que fizemos. Invariavelmente, se voltamos à calma, o Eu Básico traz ao Eu Consciente a memória do que realmente foi feito. Passamos a nos lembrar de um gesto ou de algo que confirme que fechamos a porta ou desligamos o forno, ou temos uma certeza de que fizemos ou não o que devíamos ter feito antes de sair de casa.

Podemos relatar aqui um caso que acontece com todos nós quando estamos desatentos:

Rosa Maria contou que chegou em casa e deixou a bolsa no escritório. Passado algum tempo, lembrou-se de que precisava pagar uma conta e foi ao escritório preencher o cheque para o pagamento. Em seguida, foi ao banco próximo de sua casa.

No dia seguinte, ela ia fazer uma pequena viagem e, por essa razão, foi verificar se todos os documentos estavam na bolsa; percebeu, então, que o talão de cheques não estava no lugar em que costumava guardá-lo dentro da bolsa. Começou a procurá-lo e foi direto à escrivaninha, onde se lembrava de ter feito o cheque no dia anterior. Não o encontrou ali. Procurou por todos os lugares possíveis. Nada. Rosa Maria foi ficando desesperada. Pediu ajuda a São Longuinho, a Santo Antônio e nada. Como ela precisava viajar, foi sem o talão de cheques e ficou se perguntando onde ele poderia estar. Rosa Maria passou o fim de semana fora, preocupada com o talão de cheques, que já sustara no banco; ela sabia que não podia tê-lo perdido dentro de sua própria casa! Ela estava achando tudo aquilo um absurdo.

De volta do fim de semana, antes de dormir, decidiu pedir ajuda ao Eu Básico, pois sabia que havia sido muito desatenta e feito tudo de maneira mecânica. Embora Rosa Maria estivesse desatenta, o seu Eu Básico não estava "dormindo" no instante em que ela assinou e guardou o talão.

Ela acordou às 5 da manhã e se levantou, com o impulso de ir até a escrivaninha. Viu, então, num dos escaninhos, o talão de cheques, colocado de um jeito que ficava pouco visível. Foi um grande alívio! Ela ficou muito agradecida ao seu Eu Básico (a gratidão e o reconhecimento são reforços muito positivos para ele), que aproveitou o momento em que o Eu Consciente relaxou durante o sono para lembrar-lhe do seu gesto desatento ao guardar o talão de cheques.

Esse tipo de situação costuma acontecer com todos nós, que gastamos muita energia, ficamos ansiosos e mal-humorados buscando aquilo que perdemos, mesmo que seja por um breve período de tempo. Quando estamos atentos, despertos e conscientes, com certeza damos muita alegria ao nosso querido parceiro Eu Básico. Ele quer estar presente em todos os momentos da nossa vida.

A característica do Eu Básico de entrar em ação sem questionar os comandos do Eu Consciente é um dos mais importantes elementos a se conscientizar, quando decidimos praticar a Parceria Interior. Esse modo de agir do Eu Básico explica por que muitas vezes ficamos decepcionados com o nosso progresso ou desanimados diante da tentativa de mudar alguma coisa em nossa vida. Se prestarmos atenção, detectaremos que, em alguma etapa do processo, dissemos, pensamos ou sentimos algo que era inteiramente contrário às nossas intenções. Queremos mudar, mas sentimos saudades de alguma coisa; queremos perdoar, mas ficamos falando mal de alguém ou repetindo a história exatamente com a emoção que decidimos transformar. Para o Eu Básico, nada passa despercebido; ele precisa da nossa integridade e da nossa demonstração, com atitudes concretas, de que estamos atentos e dispostos a reafirmar, quantas vezes forem necessárias, a nossa disposição inabalável para mudar.

Um exemplo prático disso está presente nas experiências de sucesso e de fracasso de Joana:

Joana sofria de enxaquecas terríveis e, durante muitos anos, procurou os melhores médicos e fez os mais variados tratamentos, tomando todo tipo de medicamento, enquanto era acompanhada pelo seu terapeuta. Ao longo dos anos, Joana teve melhoras extraordinárias e aproveitou o desafio da "mestra enxaqueca" para conhecer a si mesma em profundidade. Na sua incansável e autêntica busca rumo à sua Essência Divina, Joana um dia decidiu que queria deixar de usar certos medicamentos que ainda precisava tomar, quando as dores de cabeça ameaçavam o seu equilíbrio. Optou por fazer um tratamento radical à base de ervas naturais e por mudar sua dieta alimentar; para isso, encontrou um competente profissional nessa área. No início do tratamento, tudo correu bem, mas depois de alguns dias, as enxaquecas voltaram tão intensas que Joana começou a apresentar até novos sintomas; seu sistema neurológico e seu coração começaram a dar sinais de que precisava fazer algo imediatamente. Triste e decepcionada com o seu insucesso, Joana lamentou ter de voltar aos antigos medicamentos, diante da situação de emergência.

Embora inspirada pela sua própria Alma, que sincronicamente a levou ao encontro de alguém que poderia ajudá-la, Joana se esqueceu de convidar o seu velho servidor fiel para participar do processo. Ela se esqueceu de avisá-lo de que ia mudar seus hábitos e parar de ingerir as substâncias químicas que, durante anos, ela se habituou a tomar ao menor sinal de dor. Joana se esqueceu de incluir no novo tratamento o seu maravilhoso e intricado mundo subconsciente, administrado por um Eu Básico que segue seus hábitos e luta com unhas e dentes para que eles não mudem — **a menos que demonstremos conscientemente, sem divisões e sem ambigüidades, que estamos decididos a mudar**. Quando não agimos assim, o

Eu Básico fecha a ligação com os níveis mais elevados de nossa consciência e ficamos perdidos no nosso processo; temos de refazer o caminho e ficar mais conscientes na próxima vez.

Ao menor sinal de que o velho hábito pode voltar, precisamos lembrar ao Eu Básico a nossa decisão de abandoná-lo, afirmando positivamente nossa intenção. Precisamos tomar uma atitude, nesse instante, que demonstre a nossa determinação; assim, conscientizamos a nossa ligação com a nossa Alma. Também precisamos dosar corretamente as nossas decisões, buscando o equilíbrio entre o que o Eu Consciente quer e o que o Eu Básico "sabe" de nossa história. Às vezes, não se pode ser radical; há um processo a ser levado em conta e, principalmente, uma parceria a ser cultivada e respeitada.

Também há muitos casos em que o Eu Consciente pensa em fazer alguma coisa, mas não faz. O pensar, que lhe é característico, fica dissociado da vontade de fazer acontecer. É comum acharmos que alguma coisa foi feita só porque pensamos nela. Mas não é bem assim que isso acontece quando queremos mudar um hábito indesejável na parceria com o Eu Básico; o pensar e a vontade de fazer acontecer precisam estar sincronizados.

Isso pode explicar por que é tão complexa e desafiante a experiência de mudar os hábitos, quando o organismo já foi devassado por elementos químicos. É preciso lembrar que o Eu Básico é como uma entidade interior e subjetiva, que convive conosco em nossa consciência. Assim, toda transformação, em qualquer nível, torna-se muito mais executável se levarmos em conta que, **no nível subconsciente**, não raciocinamos nem refletimos, apenas confirmamos os hábitos de muitos anos. Esses hábitos não serão mudados se o ego simplesmente achar que vai fazer tudo sozinho, sem levar em conta os medos, as dúvidas e os questionamentos que pode ter e que não passam despercebidos pelo Eu Básico. Desse modo, a ligação com a Alma e com os níveis divinos do nosso ser fica bloqueada, pois é o Eu Básico quem estabelece a ligação com os níveis superiores da consciência.

Além disso, nossos hábitos arraigados só podem mudar depois que nos conscientizamos profundamente da causa que nos levou a cultivá-los e, conseqüentemente, dos aspectos afetivos que os levaram a se tornar um padrão.

Angelina, o Eu Básico da Anna, tem uma enorme capacidade de adaptação, principalmente quando é incluída na decisão de mudar um hábito. Por exemplo, tomar café é um hábito que Angelina adora e que está carregado de significado, pois desde a infância, ao sentir o cheirinho de café que a mãe fazia toda manhã, mesmo com muito sono, ela saía da cama animada. Essa lembrança era tão forte que o café da manhã passou a ser a refeição de que ela mais gostava. Por outro lado, quando viaja e não encontra aquele café gostoso, cheio de afeto, ela prefere não tomar café e opta por outra coisa. Em uma viagem à Índia, propuseram a Anna que deixasse o café de lado por um tempo; imediatamente após ser incluída, Angelina se adaptou e até se esqueceu do cafezinho. Se só havia chá à disposição, ela tomava sem reclamar, mesmo não gostando muito, porque Anna aceitava o fato positivamente. O mesmo pode acontecer com outros tipos de alimento, se a pessoa deixar claro que a mudança de hábito é apenas uma adaptação momentânea às circunstâncias.

Imagine o quanto seria bom se pessoas que precisam se adaptar a uma nova dieta, como diabéticos, hipertensos, cardiopatas, obesos, entre outros, conversassem com o Eu Básico e pudessem contar com esse parceiro para ajudá-los nessa adaptação. Quando o Eu Básico não é incluído, ele fica enviando mensagens negativas sobre a privação que está sofrendo e criando todo tipo de impedimento para a experiência de mudança. Nesse caso, na primeira oportunidade, a pessoa sai da dieta. Depois disso, ela fica desanimada e, por mais que queira ter disciplina e persistência, acaba interrompendo a dieta ou o tratamento e recaindo no mesmo hábito, voltando ao mesmo círculo vicioso de culpas e desculpas, pois sempre encontra um meio de justificar por que algo não funcionou.

Agora mesmo, aproveite para fazer uma pausa na leitura e estabelecer contato com o seu Eu Básico. Respire lentamente algumas vezes e entregue a ele o ato de respirar. Observe a respiração, veja esse parceiro magnífico fazendo isso por você. Veja como você se aquieta e se interioriza. Se o seu Eu Básico já tem um nome, fale com ele, faça um pedido, comprometa-se em usar a força de vontade para realizar algo que considere necessário.

O Eu Básico e a Consciência de Grupo

Até agora, falamos do Eu Básico em relação ao indivíduo. Porém, é muito importante lembrar a atuação do Eu Básico quando estamos fazendo experiências em grupo. Os sentimentos e experiências subconscientes que estão cir-

O EU BÁSICO ❖ 91

culando pelo grupo são compartilhados; podemos contar com a ligação subconsciente que ocorre numa família, num grupo de trabalho ou mesmo no comportamento de massa.

Poderíamos dizer que os nossos Eus Básicos conversam entre si, ou seja, uma comunicação subconsciente entre os Eus Básicos se estabelece e experimentamos coletivamente os mesmos sentimentos, reações e emoções. Quando fazemos algum trabalho em grupo, é comum percebermos as ligações entre as pessoas do grupo por meio do campo energético que se instala entre os seus membros e da qualidade vibratória específica desse campo. Às vezes, formam-se campos bastante criativos, eficientes e fraternos entre os membros e, outras vezes, formam-se campos com qualidades mais negativas e desarmônicas, em que a disputa e competição prevalecem em detrimento da cooperação.

Sara Marriott enfatizava incansavelmente essa questão, sempre que compartilhava seus ensinamentos. Ela costumava dizer que, num grupo, todos os Eus Básicos estão sensíveis e suscetíveis a todo tipo de emoção e pensamento que circula na mente das pessoas, e nunca se cansava de enfatizar a importância de atitudes e pensamentos positivos e pró-ativos. Se olharmos para alguém e sentirmos sentimentos negativos e depreciativos, mesmo que isso não seja expresso verbalmente, todos os membros do grupo sentem esse tipo de energia, que acaba levando todo o grupo a um estado de desarmonia e confusão, e desvitalizando todos os esforços para levar adiante um projeto ou um serviço compartilhado. Nos trabalhos em grupo, é preciso que cada membro esteja bastante consciente do que está emitindo com seus pensamentos e sentimentos, pois nada passa despercebido nos campos sutis da consciência. O Eu Básico é o primeiro a captar os conteúdos emitidos e a transmiti-los para a consciência de cada indivíduo. Os membros do grupo mais experientes e conscientes sabem quando é preciso fazer uma interrupção para respirar, esclarecer, acolher e limpar os conteúdos negativos subliminares que afetam a vida e o trabalho do grupo. A hipocrisia e a dissimulação não escapam do detector de vibrações do Eu Básico. A negatividade lentamente envenena o subconsciente; ela é como um vírus instalado em nosso "biocomputador".

Uma outra prova da ligação entre os Eus Básicos diz respeito ao ciclo menstrual de mulheres que vivem na mesma comunidade. É comum ouvirmos relatos de mulheres que começam a menstruar no mesmo período quando vivem juntas. Não se conhece cientificamente a razão disso, mas podemos dizer que essa convergência cíclica, ligada ao funcionamento orgânico das mulheres, é uma das expressões da ligação dos Eus Básicos com os ritmos e ciclos da vida.

O Eu Básico, a Criança e o Anjo

O Eu Básico de um bebê se relaciona diretamente com o seu Anjo. Como ainda não existe um ego formado (ou um Eu Consciente que exercite o dom do livre-arbítrio) e a Alma ainda não está totalmente encarnada nesse pequeno corpo em crescimento, o Anjo faz o papel de protetor e de mensageiro da Alma, durante o processo de desenvolvimento biológico da criança. O Anjo e o Eu Básico, nesse caso, existem em plena sintonia, enquanto a Alma *aguarda*, numa dimensão supraconsciente, o momento em que o corpo e o Eu Consciente estejam formados, para que ela possa se expressar de modo pleno e consciente no mundo material.

O corpo denso e material de um indivíduo nasce incompleto, mas potencialmente pronto; o corpo etérico ou energético, com todas as suas intricadas redes de canais e meridianos por onde flui a energia vital, fica pronto por volta dos 7 anos; do mesmo modo, mas com algumas variações entre os indivíduos, os outros corpos ou veículos de expressão da Alma — o emocional e o mental — se completam aos 14 e 21 anos, respectivamente. Como há sempre um tempo de desenvolvimento para cada um dos corpos após o nascimento físico, diz-se que somente por volta dos 28 anos de idade, quando o corpo da Alma se completa, o indivíduo tem todos os seus veículos prontos para servir ao Espírito e ao que Ele veio ser aqui na Terra.

No primeiro período de nossa vida, o desenvolvimento de nosso corpo e de nossas funções biológicas prossegue sem muitos entraves, mesmo quando temos de passar pelas doenças mais comuns da humanidade (a menos que tenhamos trazido algum padrão hereditário mais grave, desde o nascimento). É evidente o modo acelerado como, num prazo de apenas um ano, deixamos de ser um recém-nascido dependente e vulnerável e passamos a ser uma criança que anda e se comunica com o mundo. Até os 3 ou 4 anos de idade, a transformação e as aprendizagens são talvez as mais intensas que temos a oportunidade de vivenciar. Aprendemos inicialmente a andar e a falar, aprendizagens que nos valerão pelo resto da vida, para depois aprender a ler e a escrever. Do ponto de vista do nosso desenvolvimento biológico, vivemos uma aceleração intensa até por volta dos 14 anos, quando atingimos um ponto de transição importante. Em mais alguns anos, em torno dos 18 e 21 anos de idade, atingimos um ápice de exuberância e vigor juvenil. Depois disso esse processo de crescimento biológico e etérico vai desacelerando gradativamente, até que o sistema corporal físico e sutil e os corpos emocional, mental e causal (o veículo da Alma) estejam totalmente formados, o que acontece por volta dos 28 anos.

Portanto, os níveis de aprendizagem nos primeiros anos de vida são intensos, e aprendemos nesse período habilidades definitivas, como andar, falar, ler, expressar emoções e sentimentos, pensar, raciocinar de maneira lógica, intuir etc. Podemos dizer que, nos primeiros anos de vida, a relação entre o Anjo e o Eu Básico é simbiótica e totalmente cooperativa; enquanto isso o Eu Consciente, ou ego, vai gradativamente se desenvolvendo.

É geralmente durante esse período inicial que as crianças têm experiências com seus Anjos, ou companheiros invisíveis, que, com o passar do tempo e com a formação do Eu Consciente, geralmente, são esquecidos. Não são poucos os relatos de crianças que passam por experiências em que são protegidas ou salvas, numa perfeita parceria entre o Eu Básico e o Anjo. Eis a seguir o relato de uma dessas experiências:

"Quando eu tinha por volta de 4 ou 5 anos, lembro-me de que tinha o hábito de sair andando pela rua sozinha. Porém, eu não me sentia sozinha; sabia que ao meu lado estava sempre presente um "homem alto" e muito cuidadoso comigo. Lembro-me de que minha irmã, que era encarregada de ficar de olho em mim, ficava desesperada me procurando, até me encontrar na casa de minha avó, que morava não muito perto de minha casa. Quando eu chegava lá, deparava com um portão que eu não poderia abrir sozinha, mas tenho certeza de que meu "amigo" podia. Lembro-me de que as pessoas falavam que eu havia fugido de casa. Eu realmente não entendia por quê. Minha avó costumava ligar para casa e avisar minha irmã que eu estava lá. Ninguém entendia muito bem essa minha fuga, mas eu me lembro do prazer que eu sentia ao fazer isso. Mamãe sempre ficava muito brava comigo, pensando no perigo. Acho que ela tinha toda a razão; imagine fazer isso nos dias de hoje! Lembro-me dela me dizendo: 'Anna, você não pode fazer isso, é perigoso uma criança pequena andar sozinha pelas ruas, atravessar a avenida... Nunca mais faça isso!' Eu só não entendia a palavra "sozinha". Quem estava sozinha? O mais interessante é que até hoje eu adoro caminhar sozinha pelas ruas de cidades que eu não conheço muito bem. Eu tenho uma noção espacial muito boa e raramente me perco em lugares desconhecidos; mas o prazer de viver aquele mesmo estado de criança é inigualável. Essa é uma lembrança que provavelmente carrego em minhas células, e que Angelina, meu Eu Básico, guarda com muita alegria".

No corpo de uma criança, que ainda não tem um ego formado nem usa conscientemente o livre-arbítrio, vivem o Eu Básico, a Alma e o Anjo, que é, nessa etapa da vida, o Eu Espiritual presente na esfera de consciência do Ser Total, uma vez que a Alma só pode começar a se expressar consciente e inteligentemente no mundo físico depois que um sentido de "si mesmo" encarna.

O Eu Básico como guardião da memória

Ser o guardião da memória é uma das funções mais importantes do Eu Básico, pois é guardando a memória de todos os nossos hábitos e comportamentos que o Eu Básico torna possível a aprendizagem aqui na Terra. Quanto mais aprendemos e desenvolvemos habilidades e capacidades, mais contamos com a ajuda do Eu Básico para reforçá-las e estabilizá-las. Muitas de nossas aprendizagens passam a ser ações internalizadas (por exemplo, dirigir um automóvel, nadar etc.) e, quando as realizamos, nem precisamos pensar nelas.

Se pedirmos a ajuda do Eu Básico enquanto aprendemos uma nova habilidade, ele imediatamente vai armazenando todos os sinais e traços característicos dessa habilidade. Para que o Eu Básico possa aprender uma atividade de maneira correta, é importante que sejamos organizados e priorizemos o aprendizado dos aspectos mais simples, para depois chegarmos aos níveis mais complexos. Uma atitude que ajuda muito na aprendizagem é não nos reprovarmos, criticarmos ou permitirmos que o desânimo se instale, quando erramos durante o processo de aprender algo novo; também não devemos fazer isso com outras pessoas, principalmente com as crianças. É preciso evitar essa atitude porque o Eu Básico pode provocar medo ou o sentimento de incapacidade, caso receba a mensagem de que não é bom se enganar ou cometer erros. Toda aprendizagem precisa de repetição e aperfeiçoamento paulatino para chegar a um resultado positivo. O erro ou o engano durante o aprendizado possibilita uma melhora na tentativa seguinte. Os atletas são o melhor exemplo disso. O aprimoramento vem com o treinamento e com a correção gradativa dos desvios da aprendizagem. Podemos dizer que somos como atletas aprendendo sobre novos desafios, e essa é uma missão especial e particular do ser humano. O Eu Básico que tem um apoio positivo e se sente seguro pode ser um grande aliado nas aprendizagens que a vida impõe, ajudando-nos a nos tornarmos mais maduros e sábios.

Neste ponto, é bom lembrarmos da importância de estarmos atentos à qualidade que queremos atribuir a toda e qualquer aprendizagem. O desenvolvimento de uma habilidade exige repetição correta para que fique registrada em nossas células. Acontece que a maioria das pessoas não é muito atenciosa e exigente consigo mesma ao aprender uma habilidade. No mundo em que vivemos, as pessoas tendem a aprender superficialmente para passar de ano, para acabar logo uma tarefa etc. Por essa razão, há uma grande quantidade de profissionais incompletos e até mesmo incompetentes.

Ouvimos uma história de uma ceramista que foi ao Japão aprender uma técnica nova. Primeiramente, ela foi para um mosteiro budista, onde essa técnica era ensinada. A aprendizagem deveria levar um mês, tempo suficiente para ela aprender aquilo a que se propôs. Em seu primeiro dia de aula, o mestre ceramista deu-lhe um pequeno objeto que ela deveria reproduzir. Ela o fez com muita alegria. No segundo dia, ele lhe disse: "Você trabalhou muito bem, mas, para chegar à perfeição, deverá repetir a mesma tarefa mil vezes até que o objeto fique como deve ser". Ela queria aproveitar o máximo a viagem e sua aprendizagem ali; a perspectiva de ficar um mês fazendo um único objeto pareceu-lhe algo desesperador. Como não havia como negociar outra solução com o mestre, pois ele estava firme em manter sua orientação, ela viveu todos os sentimentos e emoções possíveis numa situação que parecia frustrar seus planos de aprender mais coisas. Até que, no final do processo, encontrou o caminho para se expressar e realizar a sua melhor experiência como ceramista e, conseqüentemente, como pessoa. Hoje ela é considerada uma das melhores profissionais no meio em que atua.

Talvez nem sempre precisemos fazer mil vezes um mesmo movimento para aprendê-lo, mas só podemos dizer que alcançamos um bom nível de *expertise* quando nos aprimorarmos a cada vez que entramos em contato com uma mesma situação. Os melhores esportistas nos mostram que, além de talento, é preciso aprimorar a técnica com infindáveis treinamentos e repetições. Os tenistas profissionais repetem milhões de vezes o mesmo movimento; é comum vê-los, ao final de uma jogada não muito boa, repetir no ar o movimento, como se desejassem corrigi-lo, mesmo sabendo que não podem anular a jogada.

A essa altura podemos nos indagar como fica a questão da criatividade ou até mesmo do improviso com toques de genialidade. A verdade é que, com exceção do que chamamos de sorte de principiante, a criatividade e o improviso só são possíveis porque praticamos ou nos dedicamos tanto a alguma coisa que já sabemos a maneira mais correta de usar a criatividade ou a genialidade e nos sentimos leves e soltos. Esses são momentos de pura arte. Algumas pessoas — artistas, esportistas, palestrantes, etc. — já trazem essa arte na Alma e são consideradas verdadeiros fenômenos no que fazem.

Há também a possibilidade de que as atividades que temos a intenção de realizar já existam de algum modo em nossa memória de vidas passadas, e sirvam como ativadores subliminares, já mencionados anteriormente. As nossas tendências, mesmo na infância, mostram um conhecimento, uma certa habilidade, por isso somos atraídos para essas atividades. Chamamos a isso de talentos inatos, pois todos nós temos algo que sabemos fazer bem. Às vezes, por fazer com facilidade certas coisas, deixamos de lhes dar a devida atenção e buscamos atividades nas quais temos mais dificuldade. Não consideramos que nossas habilidades inatas são a chave do que viemos realmente realizar nesta vida. Nessa hora, é melhor pararmos e repensarmos se estamos usando nossos talentos com propriedade, para fazer o que realmente importa para a nossa Alma, ou se estamos sendo levados a fazer alguma coisa como resposta a um estímulo externo do meio em que vivemos.

Na memória que o Eu Básico guarda e protege para nós, podemos encontrar as setas que apontam para a direção que devemos realmente seguir. Por isso, é de vital importância prestar muita atenção aos interesses e às atividades que fazemos com facilidade e prazer, pois aí está o nosso dom.

O Eu Básico, como guardião da memória do passado, tem a tarefa de arquivar tudo o que aprendemos e de reavivar a nossa memória, quando necessitamos do registro de alguma aprendizagem anterior. Dessa maneira, ele libera automaticamente todo o potencial que temos para estar sempre conscientes daquilo que realmente aprendemos e que se transforma em talentos únicos ou dons especiais. Quando a lembrança está totalmente incorporada ao Eu Consciente, passamos a fazer experiências e seguir caminhos inspirados por esses dons. Se paramos um pouco para refletir e prestar atenção, percebemos que o processo de *lembrar* de coisas acontece a todo instante em nossa vida.

O Eu Básico também tem acesso, por meio da memória celular, a lembranças de vidas passadas e habilidades já aprendidas anteriormente. Por essa razão existem crianças que têm mais facilidade para desenvolver certas habilidades do que outras. A lembrança se associa ao tipo de inteligência (lingüística, musical, matemática, cinestésica, etc.) que a criança traz consigo e ajuda-a a desenvolver suas habilidades e talentos. Na verdade, o Eu Básico traz à tona a lembrança de como certas atividades são realizadas. As atividades corporais podem ser uma vasta fonte de observação sobre como atua o Eu Básico. A facilidade para aprender um certo idioma também pode ser um indício de que o seu registro já está na memória celular da pessoa. Quando ela começa a falar esse idioma, a experiência é tão simples e requer tão pouco esforço que ela tem a impressão de que está apenas se lembrando de algo que sempre esteve presente em sua consciência.

Um exemplo que ilustra essa idéia aconteceu com Sônia. Quando tinha 11 anos de idade, algo dentro dela despertou-a para falar inglês. Como não tinha condições de estudar em uma escola particular, começou a estudar livros que seu pai tinha na estante. Mais tarde, já na adolescência, ela passou a ouvir todos os dias a BBC de Londres, em inglês. Procurava repetir as palavras que ouvia, mesmo sem entender-lhes o sentido. Gostava simplesmente de se imaginar e se sentir falando fluentemente o idioma. Com o que aprendia no colégio e com suas pesquisas autodidatas, ela conseguiu uma base muito boa. Ainda morando no Brasil, tornou-se fã dos Beatles; conhecia e cantava todas as músicas da banda com o fervor e a dedicação de uma adolescente, o que reforçou a sua aprendizagem do idioma. Resolveu cursar Letras na universidade e, para aperfeiçoar seus conhecimentos, dedicou-se ao estudo dos poetas e escritores de língua inglesa. Aos 21 anos, depois de se formar, foi para Londres realizar um grande sonho: conhecer a terra dos Beatles e falar fluentemente inglês. Em seis meses, já falava a língua com perfeição e percebeu que, na verdade, durante todos os anos de aprendizagem, ela não tinha feito nenhum esforço para aprender a falar bem; ela só precisou ir se lembrando do idioma que o seu Eu Básico guardara muito bem na memória. Aprender inglês, com os professores no colégio e na universidade, nunca foi algo com que ela precisou se preocupar. A Inglaterra parecia um lugar que ela conhecia muito bem, e certos hábitos ingleses, muito diferentes dos hábitos que ela trazia da cultura baiana, incorporaram-se tão rapidamente à sua vida que ela parecia já ter sempre vivido naquele lugar.

O Eu Básico guarda na memória experiências desagradáveis, com a mesma dedicação e precisão. Por esse motivo, quando ficamos diante de alguma habilidade que foi armazenada de maneira negativa ou associada a alguma experiência traumática, ela surge com emoções de tensão e medo, ou é possível que nem consigamos nos recordar da aprendizagem. Fazendo um paralelo e retomando o exemplo da aprendizagem de um idioma, podemos dizer que, se tivermos passado por uma vivência traumática e desagradável, é provável que tenhamos que realizar um trabalho de liberação do medo e do trauma, pedindo ao Eu Básico que a recupere. Vamos supor que, numa vida passada, tenhamos sido castigados e mortos por termos falado coisas que não poderiam ser reveladas. Ao aprender a falar o idioma associado com essa vida, vamos relembrar a experiência traumática e, nesse caso, o Eu Básico fará o possível para evitar a lembrança do que sabemos sobre o idioma, para nos proteger de reviver o trauma. Isso pode dificultar a aprendizagem e a fluência do idioma.

Há momentos em que, por mais que nos esforcemos para lembrar alguma coisa, não conseguimos: lembrar o nome de uma pessoa, de um objeto num idioma estrangeiro ou do lugar em que deixamos um determinado objeto. Muitas vezes, ficamos tensos ou irritados nesse momento e, com isso, criamos uma pressão interior maior, que o Eu Básico está também registrando. Ele é o guardião impessoal da memória do que passou, portanto registra, sem nenhum poder de discernimento ou de raciocínio lógico o que quer que estejamos pensando e sentindo, como se fosse um computador interno que recebe automaticamente todos os registros de programação. Se criarmos tensão e irritação quando queremos lembrar alguma coisa, é nisso que o Eu Básico vai se concentrar, pois ele segue o que determinamos agora, sem nenhum juízo de valor. Lembrar do que quer que seja, nessas condições, torna-se impossível.

Se quisermos realmente lembrar, a primeira providência é sempre a mesma, quando se trata de uma parceria com o Eu Básico:

Respirar calmamente para chamar a atenção dele; acalmar-se verdadeiramente com esse ritmo respiratório e, só então, pedir ao Eu Básico que se lembre do que esquecemos. E agora vem a parte mais importante: fazer qualquer outra coisa, que não tenha nenhuma relação com o pedido feito ou esquecer completamente o que foi pedido — por alguns instantes. Devemos agir desse modo porque, se ficarmos o tempo todo preocupados em lembrar o que esquecemos, exigindo que essa lembrança venha à tona de imediato, o Eu Básico ficará, mais uma vez, às voltas com uma situação de cobrança, tensão, etc. Se fizermos a parceria do modo correto, de repente, sem saber por quê, acabaremos abrindo uma gaveta e encontrando o que tanto procuramos ou seguiremos numa direção inesperada, achando o que buscávamos; às vezes, a lembrança aparece cristalina em nossa mente.

Um exemplo muito divertido que Sara Marriott sempre gostava de compartilhar com quem a visitava diz respeito ao desaparecimento de uma caneta. Sara conta que procurou a caneta por toda parte e já estava quase desistindo, depois de desperdiçar tempo e energia tentando encontrá-la. Finalmente, lembrou-se de pedir a Kathrin (o seu Eu Básico) para ajudá-la. Sara tinha o hábito de usar uma espécie de avental com bolsos nos quais punha lenços de papel e, às vezes, descansava as mãos. Voltando-se internamente para Kathrin, ela lhe disse: "Está bem, Kathrin, eu me rendo!" Ao mesmo tempo em que dizia isso, fez um gesto bem apropriado para apoiar sua decisão: pôr as mãos nos bolsos do avental. E a caneta estava num deles, pois tinha caído ali sem que ela percebesse!

Um fator primordial no processo de conscientização da Parceria Interior é o fato de que os nossos pensamentos, emoções, sentimentos e desejos afetam e influenciam o que acontece com os nossos corpos físico, emocional e mental e em nossa vida. Se somos saudáveis ou não, isso se deve, em grande parte, ao modo como fomos educados, aos hábitos que formamos, à nossa herança genética e às nossas escolhas na vida. Por isso o Eu Básico é o parceiro que mais precisa da nossa atenção consciente, pois ele registra e guarda a informação contida em todas essas instâncias. E ele retribui nossa atenção relacionando todo o nosso passado com o presente, segundo as necessidades que criamos ou atraímos.

Perceber essas realidades e agir com a melhor qualidade da nossa atenção é fundamental para compreendermos o verdadeiro sentido da cura. Toda cura precisa contar com a nossa parcela de autocura. Ninguém pode nos curar sem a nossa permissão consciente. Podemos tratar os efeitos ou resolver momentaneamente um problema físico, emocional, mental ou espiritual, mas quando somos realmente curados, isso significa que fomos transformados em todos os níveis da nossa consciência. Com uma parceria afetiva e efetiva com o Eu Básico, ficamos mais seguros e inteiros para viver a cura total.

Criando um relacionamento consciente com o Eu Básico

O Eu Básico não julga se uma crença ou mensagem que lhe comunicamos é positiva, negativa, útil ou inútil. Se o nosso mundo é previsível e programado segundo o que acreditamos ser o melhor para nós, o Eu Básico não questiona isso; simplesmente faz o possível para garantir que aconteça em nossa vida o que foi programado. Para ele, isso representa segurança e, como seria de esperar, a dimensão subconsciente do nosso ser tende a não gostar de mudanças. O estímulo e o reforço positivo são extremamente necessários, quando se quer mudar uma antiga crença ou um padrão de comportamento. O Eu Básico sempre prefere o que está estabelecido e é familiar, mesmo que isso seja desconfortável e doloroso.

Se uma pessoa viveu várias experiências de rejeição ao longo da infância, o seu Eu Básico não julga a rejeição como algo certo ou errado; ele cultiva um hábito: *ter medo de ser amado e valorizado*, pois esse foi o mecanismo criado para lidar com a rejeição. O Eu Básico age como se a rejeição lhe desse um estranho sentimento de segurança. E, embora o Eu Consciente queira ser amado e aceito, pois é ele quem sente a dor e vive na dualidade com os seus juízos de valor, para o Eu Básico isso representa um salto rumo ao desconhecido — algo que vai inteiramente contra a sua natureza. Por isso ele aciona sensações, comportamentos e reações que, se não forem vistas e reconhecidas conscientemente, acabam por fazer com que a pessoa continue vivendo e atraindo situações de rejeição. Para se relacionar com o Eu Básico nessa hora, a pessoa precisaria estabelecer um diálogo interno e dizer: "Nós estamos mudando isso. Estou me sentindo muito bem com essa mudança. Estou sendo aceita, amada, bem recebida. Isso é muito bom para nós dois". Se nada for feito, as situações de rejeição se repetem, e o Eu Consciente da pessoa não entende por quê.

Como as nossas emoções estão, em grande parte, guardadas no subconsciente, a repressão ou a negação dessa relação com o Eu Básico pode trazer apatia ou a negação dos sentimentos. Reprimir emoções é o mesmo que reprimir o contato com esse parceiro interno. Se negamos ou reprimimos o Eu Básico, provavelmente não sentimos muita coisa. Raramente nos sentimos tristes, zangados, perturbados, pelo menos no nível consciente. Do mesmo modo, não nos sentimos alegres, amorosos, extasiados ou entusiasmados. Sem o contato consciente com o nosso Eu Básico, não podemos nos sentir inteiramente vivos; temos sempre a sensação de que algo está faltando em nossa vida, ou ficamos apáticos. Como a emoção nasce em nós, antes que a razão e o intelecto tenham uma expressão plena, boa parte das nossas emoções não é submetida ao controle mental e é preservada na memória do Eu Básico. Uma das razões pelas quais algumas pessoas vivem fazendo drama é a possibilidade que isso lhes dá de experimentar emoções intensas e se sentirem vivas.

Entretanto, suprimir o relacionamento consciente com o Eu Básico é algo que não se pode fazer durante muito tempo, pois logo ele vai achar um jeito de nos lembrar de sua presença e existência. De algum modo, ele vai nos "puxar pela manga" (provocando algum tipo de mal-estar no corpo) ou vai nos dar uma "cotovelada nas costelas" (tornando-nos vulneráveis a algum tipo de vírus ou doença crônica). E se, mesmo assim, ainda optarmos por ignorá-lo, ele vai achar um jeito de começar a gritar. Se, por exemplo, reprimimos a dor do luto, o Eu Básico poderá atrair situações difíceis de perda, na tentativa de trazer à tona essa emoção. Se suprimimos a raiva, com a força acumulada dessa emoção no subconsciente, poderemos atrair pessoas de temperamento colérico, ou testemunhar injustiças ou desmandos, para sermos forçados a lidar com a raiva de um modo construtivo e transformador. Numa situação extrema, o Eu Básico pode atrair a nossa atenção por meio da compulsão por álcool, comida, sexo, trabalho ou relacionamentos, que é um artifício que o Eu Básico utiliza para nutrir as nossas necessidades emocionais subconscientes, ao mesmo tempo que impulsiona o Eu Consciente a pedir ajuda.

O Eu Básico funciona em perfeita sintonia com uma lei universal que diz: "Tudo a que resistimos, persiste". A história de Marina ilustra bem esse ponto: ela tinha engordado, repentinamente, desde que começara um novo trabalho. Gostava de sua atividade, mas se sentia constantemente pressionada pelas necessidades e exigências do dia-a-dia. Num diálogo interior com o seu Eu Básico, Marina descobriu que precisava desenvolver a sua capacidade de impor limites e de dizer não quando sentisse que estava indo além de suas possibilidades. A compulsão para comer mais do que precisava era um jeito que o seu Eu Básico encontrara para traduzir a sua necessidade subconsciente de se sentir mais no comando da própria vida. Era como se, no nível subconsciente, Marina estivesse dizendo: "Com um corpo maior e mais volumoso, vou me sentir mais poderosa, vou ter mais força, vou poder impor limites com mais segurança". Mesmo que, conscientemente, Marina não quisesse ficar acima do peso, no seu subconsciente, as mensagens emocionais não reconhecidas estavam criando o peso extra.

Em resposta às suas mensagens emocionais, o Eu Básico estava fazendo o melhor para ajudá-la e, ao mesmo tempo, registrando o seu descontentamento. Quando Marina finalmente conseguiu ter coragem para estabelecer seus limites, mostrar sua competência e requisitar condições de trabalho mais razoáveis, seus empregadores respeitaram a sua habilidade de estabelecer limites e ela perdeu peso, sem perder o emprego.

Sempre que pensamos em usar a força de vontade para parar de fumar, comer menos ou abandonar um hábito indesejável, sem incluir o Eu Básico numa parceria consciente, podemos estar declarando guerra contra ele. Geralmente descobrimos que, na maioria dos casos, isso não funciona. Nem sempre "querer é poder" quando o Eu Básico é excluído do processo. Invariavelmente, ele nos responde, fazendo com que nos sintamos fora de controle, correndo atrás de um cigarro ou nos empanturrando com um pacote de biscoitos, pois tudo a que resistimos, persiste. Simplesmente não vale a pena lutar quando o inimigo somos nós mesmos. Isso pode funcionar a curto prazo, mas o custo é alto quando ficamos alienados do nosso parceiro interno. A única solução a longo prazo é a parceria cooperativa, que transforma os conteúdos indesejáveis que foram preciosamente guardados na memória do Eu Básico.

Como acontece com uma criança, a necessidade primária do Eu Básico é ser amado e receber um contínuo reforço positivo. Ele necessita de afeto e respeito, de se sentir valorizado e de ser reconhecido pelo extraordinário trabalho que realiza. Ele também precisa de desafio e estímulo, alegria e relaxamento e de ver nossas necessidades vitais preenchidas: uma boa alimentação, sono e repouso adequados, exercícios regulares, afetividade e conforto. Tudo isso se traduzirá em boa saúde física e emocional, que naturalmente se refletirá em um ego e uma mente saudáveis, prontos para deixar fluir a energia amorosa e eletromagnética da Alma.

Vivendo em harmonia com o Eu Básico

Durante muitos séculos, os buscadores espirituais negaram ou ignoraram o Eu Básico, dando muito pouca importância ao corpo físico, privando-o de alimento, sono e conforto, ou reprimindo os sentimentos e a sexualidade. A essência da neurose é o conflito interior; hoje podemos perceber que as culturas, tanto ocidentais quanto orientais, enfatizaram enormemente o sentido de separatividade e de fragmentação de nossa identidade, em vez de nos convidar a buscar os meios de integrar as diferentes facetas do nosso ser. A capacidade de relacionar as partes de um todo, de criar parcerias e de integrar os diferentes níveis de nossa consciência numa unidade indescritível e indissolúvel está cada vez mais acessível nos dias de hoje. A Parceria Interior contribui com essa integração. Se rejeitamos o nosso corpo, nossas emoções ou nossa sexualidade, não estamos sendo espirituais, estamos sendo neuróticos.

Outras tradições suprimiram o Eu Consciente instruindo seus seguidores a parar de pensar e a aceitar o dogma sem questionamento, ou levando-os a meditar até que a mente racional sabiamente desistisse. Como podemos encontrar a nossa inteireza e a nossa santidade se rejeitamos partes de nós mesmos?

O estado de negação e de conflito cria o paradigma da guerra, e nos faz gastar muito mais energia travando batalhas do que aprendendo a amar e a aceitar a nós mesmos, apesar de nossas limitações. O tempo de crescimento por meio da luta ou da separatividade já completou o seu ciclo na Terra. Já temos os meios de criar uma nova abordagem e uma nova harmonia, que visam à cura e à integração dos diferentes níveis de consciência pelos quais nossa Alma se expressa. É tempo de reconhecer que o erro pode ser transformado e que toda queda é um tombo necessário para quem quer aprender a caminhar. A nossa tarefa mais importante é integrar os diferentes níveis de consciência pelos quais nos expressamos e manifestar, assim, a nossa totalidade. A parceria consciente com o Eu Básico é de fundamental importância para a realização dessa tarefa.

A nossa evolução espiritual não pode estar separada dos processos que a psicologia mais avançada classifica e descreve, nem dos processos biológicos pelos quais o corpo humano passa em sua escalada evolutiva. E, a menos que lidemos com os nossos bloqueios e capacidades emocionais, com os nossos padrões de crença engendrados na infância e com as crenças negativas e limitantes que herdamos, o nosso crescimento espiritual será sempre limitado. O Eu Básico, como um guardião da memória e um administrador das funções corporais automáticas, não pode nos ajudar a crescer e a amadurecer se for deixado no escuro de nossa inconsciência. Ele deve ser exposto à luz da consciência e ao amor que podemos expressar pelo maravilhoso trabalho que ele realiza.

Os dons do Eu Básico

Quando o Eu Básico é amado e nutrido, ele nos retribui com suas dádivas maravilhosas. Preenche-nos com um sentido de encantamento e vivacidade. Conecta-nos com a espontaneidade e a leveza de nossa criança interior e transforma-nos em uma pessoa carismática e divertida. Oferece-nos saúde e vitalidade e libera nossa criatividade e inspiração.

Por não estar restrito à lógica e à racionalidade, o Eu Básico pode fazer o que o ego considera impossível, como, por exemplo, ajudar-nos a criar as imagens de um futuro feliz; a liberar o passado quando decidimos mudar velhos hábitos; a desenvolver habilidades psíquicas, tais como a clarividência e a clariaudiência; a abrir a nossa ligação com a orientação da Alma e até mesmo a operar milagres com o poder da oração. A ligação subconsciente que conecta a todos nós atua de maneira milagrosa e invisível, fazendo com que recebamos o bem que nos é transmitido pelas vibrações curativas da oração ou por pensamentos amorosos e construtivos.

As mensagens que a Alma quer nos transmitir com a ajuda do Eu Básico chegam por meio de sensações corporais, sonhos e "palpites" que não parecem ter lógica ou racionalidade. Precisamos aprender a diferenciar a orientação que vem da Alma dos impulsos guardados no subconsciente, referentes a padrões não-esclarecidos ou a situações de negação e repressão que não queremos aceitar e reconhecer. Precisamos aprender a diferenciar uma mensagem clara da Alma de um impulso não-resolvido que está em nossa mente subconsciente, pedindo a nossa atenção.

Quando recebemos uma orientação da Alma, podemos sentir uma sensação imediata de alívio e de plenitude, ou um impulso para agir com segurança e vitalidade. Essa orientação é aberta, inconfundível e tem a capacidade de nos deixar relaxados e seguros de que estamos na direção certa.

Quando uma sensação negativa ou reprimida no subconsciente se solta de repente para nos tornarmos conscientes dela, em geral sentimos uma insatisfação ou ficamos pesados, entristecidos, sem saber bem por quê. Impulsos esquecidos no subconsciente podem causar a sensação de pressa, falta de coordenação ou até mesmo a repetição de um padrão compulsivo e incapacidade de pensar claramente. Isso pode vir seguido de ansiedade, tensão, insônia, fadiga e um sentimento de pequenez e impotência.

São por essas razões que, quando surge um impulso do nosso subconsciente, devemos levá-lo a sério. Isso não significa que teremos que seguir a sua sugestão, mas apenas reconhecer e avaliar se o Eu Básico está trazendo à tona desejos e necessidades não-atendidas, emoções reprimidas e medos ou padrões emocionais que precisam ser compreendidos e curados; ou abrindo caminho para uma ligação direta com a Alma. Tudo o que nos chega à consciência por meio da Parceria Interior faz sentido. Cada um de nós é responsável por aprender, por meio da autoconsciência e da atenção plena, a diferenciar as maneiras com que cada um de nossos parceiros fala conosco.

Criando intimidade com o Eu Básico

Embora o Eu Básico seja responsável pelo trabalho extraordinário de criar o elo vital que possibilita a nossa vida no corpo físico, é importante lembrar que a sua idade mental é a de uma criança. Por isso é imprescindível criar um elo de amor e confiança e fazer amizade com o Eu Básico. É como se carregássemos dentro de nós uma criatura com um coração forte e pulsante, mas cujo cérebro encontra-se em nossa barriga. Quando ele se sente amado e respeitado, a aprendizagem que precisamos realizar na nossa parceria se torna um jogo divertido e estimulante. Precisamos, entretanto, falar a sua linguagem, como faríamos com uma criança pequena.

A motivação do Eu Básico está relacionada apenas à nossa sobrevivência, à busca de segurança e à gratificação dos nossos impulsos. Quando nos dispomos a mudar o que quer que seja, é importante levar em conta a maneira como nosso Eu Básico vai responder à mudança. Se vamos mudar de casa, de trabalho ou de país, ou se estamos mudando qualquer hábito ancestral, é bom considerar como essas mudanças vão afetar o Eu Básico. Se para nós a mudança é algo difícil, essa é a motivação que prevalecerá nos "porões" da nossa consciência. Como nos sentimos, na infância, ao mudar de casa? E ao mudar de escola? O que mudou quando alguém querido morreu? Seja lá o que queiramos criar ou mudar, precisamos pensar nas motivações que estão guardadas na memória do Eu Básico. Precisamos assegurar a ele que mudar agora é bom, é diferente, proporciona novas descobertas, ou o que quer que seja positivo e promissor, além de lembrar-lhe de todas as razões pelas quais mudar para uma casa nova, por exemplo, será algo agradável e excitante. Desse modo, evitamos o enfraquecimento de nossas defesas, o que pode nos deixar mais vulneráveis a um resfriado, uma virose ou uma indisposição no trato digestivo.

Se quisermos iniciar um hábito novo, como meditar regularmente, por exemplo, primeiro vamos precisar demonstrar que estamos realmente empenhados, marcando uma hora para o encontro e respeitando o horário estabelecido. Sem essa seriedade, o Eu Básico irá entender que não estamos tão decididos e vai resistir ao novo hábito, impedindo que acordemos na hora certa ou criando alguma sensação corporal que nos afaste dessa nova aventura. Ajuda muito fazer algo que seja bom e do agrado do Eu Básico, como beber um chá quente, um suco ou fazer exercícios físicos. Nenhuma justificativa ou meta abstrata irá motivá-lo. Mas, se respirarmos para relaxar, se fizermos movimentos simples para despertar, se pensarmos em algo divertido ou lúdico, certamente teremos a cooperação desse parceiro, que se sente sempre gratificado quando fazemos algo que demonstra a nossa intenção em cuidar bem do corpo, da nossa segurança e do nosso bem-estar.

Depois de estabelecer um ritmo para a prática meditativa, podemos usar uma parte do tempo da nossa prática para indagar ao Eu Básico se há algo que esquecemos e que ele gostaria que soubéssemos. Podemos fazer isso com um exercício prático, que pode começar assim:

Sentados ou deitados em uma posição confortável, podemos perguntar-lhe como ele se sente diante da prática da meditação ou de qualquer outra atividade, ou como se sentirá se decidirmos fazer uma dieta para emagrecer. Também podemos pedir que nos esclareça alguma dúvida sobre a prática da Parceria Interior. Para obter as respostas, podemos permanecer quietos e observar com atenção como o nosso corpo responde ou que emoção surge no plexo solar. Também podemos pegar uma caneta com a nossa mão não-dominante e escrever o que vier à mente, sem fazer censuras nem racionalizações, procurando estabelecer uma comunicação honesta e direta com as emoções e impressões que estão guardadas no nosso subconsciente. Depois, podemos anotar e principalmente compreender o que o Eu Básico tem a nos dizer. Uma vez que tenhamos compreendido e reconhecido as razões que estavam no subconsciente, o próximo passo é continuar oferecendo boas razões para fazermos a mudança e assegurar ao Eu Básico que nossos antigos medos já não são apropriados. Veremos que de dentro de nós surgirá uma força vital que nos impulsionará na direção certa, sem o risco de sermos sabotados pelos conteúdos não-reconhecidos que o Eu Básico preserva até que os transformemos conscientemente.

Se o Eu Consciente é responsável pela administração do que pensamos e raciocinamos, o Eu Básico é responsável por grande parte de nossas respostas e reações emocionais. Se nos tornamos pessoas áridas, desprovidas de sentimento e de emoção, estamos dando sinais de que o nosso Eu Básico não está em harmonia conosco. Precisamos estar saudáveis emocionalmente quando pedimos ajuda à nossa Alma, para que ela nos oriente, facilite a nossa cura ou até mesmo nos estimule a perceber quando uma oportunidade surge para que tenhamos o que precisamos. Se não sentimos nada, se resistimos à expressão de sentimentos mais profundos, ficamos cerebrais demais, amargos, críticos, apenas vivendo por viver. Esse é um sintoma claro da nossa desconexão com o Eu Básico e, portanto, de nossa alienação com relação aos conteúdos de nossa Alma, assim como de nossa Criança Interior. Invariavelmente, o resultado é a doença ou a depressão.

Quando se trata do Eu Básico, qualquer pedido feito no exercício da Parceria Interior é sentido com o coração. Sentimentos inspirados pelo amor, entusiasmo, excitamento e vigor são sentidos na região do coração e do plexo solar, indicando que o Eu Básico, o Eu Consciente e a Alma estão em sintonia.

Como já sabemos, nesse estágio em que grande parte da humanidade se encontra, o pensamento é um atributo do Eu Consciente. Dissemos que o Eu Básico não pensa. Entretanto, seria correto dizer que ele não pensa em termos de conceitos e abstrações intelectuais que envolvem palavras ou números, mas pensa por meio de imagens e símbolos. Como ele não distingue o real do imaginário e trata o que quer que estejamos experimentando como algo real, isso explica por que a auto-sugestão em exercícios de mentalização e de hipnose são tão eficazes. As injunções que fazem parte de qualquer prática ligada à neurolingüística, ao hipnotismo e ao trabalho de controle da mente dizem respeito a essa capacidade do Eu Básico de responder a imagens e visualizações.

Qualquer situação que ensaiemos em nossa mente, ao ver o resultado que desejamos, o nosso Eu Básico tomará como algo que já aconteceu. Quanto mais clara e precisa for a nossa mentalização, mais chance temos de que esse nosso parceiro interno compreenda a mensagem e reaja positivamente a ela. O importante é estarmos inteiros, sem divisões ou ambigüidades. Se nos visualizarmos realizando qualquer atividade — seja ela artística, esportiva, intelectual ou mecânica — com o melhor do nosso empenho e alcançando o fim esperado, o Eu Básico tomará isso como uma realidade e responderá de modo a nos revitalizar e nos encher de autoconfiança. E por não distinguir entre passado e futuro, se uma imagem traumática ou indesejável de algo que nos tenha acontecido no passado permanecer guardada nos arquivos da memória, ela poderá emergir a qualquer instante enquanto vivermos, causando dor e sofrimento, ou revelação, liberação e cura. Para o Eu

Básico essa imagem jamais se perderá até que seja reconhecida e transformada, no eterno presente. Com a parceria do Eu Básico, nós tanto podemos visualizar um futuro desejável e benfazejo, quanto transmutar memórias de experiências dolorosas vividas na ignorância.

Já mencionamos anteriormente que o ato de respirar é o nosso ponto de contato direto e intransferível com o Eu Básico. Respirar conscientemente, com a intenção de chamar a atenção desse parceiro é fundamental quando queremos relaxar, meditar ou mudar o foco da nossa atenção. Ao fazermos isso, criamos espaço para que o Eu Básico e a Alma falem conosco e traduzam as emoções, imagens, sensações, intuições e memórias que chegam ao campo da nossa atenção consciente. Qualquer atividade física que realizemos conscientes do nosso ritmo respiratório, leva-nos a relaxar e a permanecer em contato com o nosso Eu Básico.

Essa mesma consciência de relaxamento coordenada com a respiração também nos ajuda a entrar em contato com a Alma. A respiração é o alento de vida que conecta todos os parceiros e nos aproxima do verdadeiro poder de criar o Céu na Terra.

No processo de criar intimidade com o Eu Básico, é preciso lembrar que ele é um aprendiz lento e precisa de muita repetição. Como uma criança que aprende pela imitação e pela repetição, o Eu Básico precisa que demonstremos que nossas afirmações estão cheias de intenção e decisão, sem ambivalência. Se demonstrarmos regularidade e constância, a médio e longo prazo essas afirmações acabam operando milagres. Representante de um nível de consciência no qual os hábitos são preservados, para o nosso bem ou não, o Eu Básico de início tende a resistir à mudança e, portanto, a não largar um velho hábito. Quando, porém, um hábito novo e benéfico é estabelecido e mantido, ele se torna fiel a esse novo comportamento. A repetição dessa mesma idéia ao longo do texto pode parecer cansativa, mas repetir é um serviço que se presta ao Eu Básico.

O Eu Consciente aprende com o intelecto, com a conscientização de conceitos e com a compreensão clara e coordenada de idéias que fazem sentido, segundo seus valores e crenças — uma aprendizagem que ocorre exclusivamente no nível intelectual. Se o Eu Consciente lê um livro apenas para compreender conceitos, certamente não convida o Eu Básico para participar diretamente da experiência; conta com ele apenas para guardar esses conceitos na memória. Se, mais tarde, uma lembrança se faz necessária, o Eu Básico é chamado para recuperá-la dos arquivos da memória onde foram guardados. Se o livro lido contém exercícios práticos envolvendo o corpo e a emoção e o Eu Consciente decide experimentá-los durante a leitura, o Eu Básico certamente se sentirá convidado a participar do processo da leitura. Os conceitos terão muito mais possibilidade de se integrar à consciência do que se forem assimilados apenas pelo intelecto. Se o Eu Consciente e o Eu Básico lerem o livro juntos, então o conhecimento apreendido tem uma boa chance de se transformar em sabedoria, pois a ligação com a Alma se estabelece naturalmente.

O Eu Básico tende a responder imediatamente aos pedidos do Eu Consciente quando agimos e demonstramos que estamos decididos a fazer alguma coisa concretamente. Ele é muito mais afetado quando nossos pensamentos estão coordenados com as nossas ações. Se apenas pensamos em fazer alguma coisa, o Eu Básico só registra a nossa intenção, mas, se imediatamente fazemos alguma coisa, comprando materiais necessários, falando com alguém que vai nos ajudar ou tomando providências para viabilizar nosso plano, o Eu Básico fica mais interessado e coopera para que fiquemos mais inspirados e cheios de energia. Se apenas pensamos, seja em um projeto criativo, seja na transformação que queremos fazer em um relacionamento, seja em uma mudança de atitude que desejamos, mas não tomamos nenhuma atitude, o Eu Básico pode nos responder com bocejos, como se dissesse que já ouviu essa história antes e não viu nada acontecer, a não ser a preservação de um padrão que ele está inteiramente apto a repetir. Se jogarmos fora ou reciclamos um velho álbum de fotos, se tomarmos **imediatamente** a atitude que imaginamos tomar e formos em busca dos meios para iniciar o projeto criativo que planejamos, o Eu Básico saberá que a coisa é séria e trará à tona todas as emoções positivas, todos os pensamentos criativos e toda a vitalidade de que precisamos para nos sentir motivados e prontos para agir. E, **imediatamente**, ele abre o caminho para a nossa ligação com a Alma.

Pela mesma razão, é importante registrar por escrito, num diário, as descobertas, percepções e palpites que surgem na nossa jornada interior, quando meditamos ou visualizamos criativamente, pois essa atitude traz a realidade subjetiva para o mundo exterior, capacitando-nos a agir com mais segurança. Podemos também falar em voz alta com o Eu Básico, uma vez que tenhamos lhe dado um nome e reconhecido a sua presença como um parceiro no interior de nossa consciência.

A experiência de orar em voz alta, de escrever um pedido a Deus ou de fazer contato com o Espírito que nos vivifica se torna ainda mais real se convidamos o Eu Básico para fazer parte do nosso "ritual". E ele se sente convidado a participar quando encontramos maneiras de trazer, para a manifestação, os símbolos que a Alma nos transmite, desenhando-os, descrevendo-os no nosso diário ou realizando uma atividade lúdica e artística.

Sara Marriott nos dá um exemplo vivo disso em seu livro *Uma Jornada Interior*. Ela nos conta que, em uma meditação, recebeu a instrução de como tricotar um xale que simbolizava um ensinamento importante que seu Eu Superior queria lhe comunicar.

Ela imaginava que pedir ao Eu Superior uma instrução de como tricotar um xale seria algo muito mundano e supérfluo, mas ao criar uma abertura em sua mente e em seu coração, e com a intermediação do Eu Básico, ela ouviu exatamente o contrário. Pedir aquela orientação era algo tão válido quanto pedir qualquer outra coisa considerada menos trivial. E eis que ela recebeu a orientação de como tricotar cada ponto do xale, além de aprender que havia uma simbologia oculta na maneira de tricotá-lo. Com essa experiência de fazer o tricô, a aprendizagem se tornou muito mais eficaz para o Eu Básico.

Isso acontece porque o Eu Básico se deixa impressionar por qualquer experiência que crie uma forte impressão em nossos sentidos. Desenhar, pintar, dançar, cantar, comer ou beber algo saudável, realizar algum tipo de ritual ou celebração são formas de expandir a nossa consciência para incluir o Eu Básico. Com a ajuda dele, é possível liberar conteúdos importantes que precisam ser revelados ao Eu Consciente e que podem estar escondidos ou esquecidos na subconsciência. Atividades sensoriais são fundamentais porque despertam o Eu Básico e o fazem perceber que algo importante está se processando; assim, ele faz o que quer que seja necessário para nos ajudar a fazer a mudança.

Sempre que tomamos a decisão de mudar algo em nossa vida, o Eu Básico é o parceiro que mais precisa ser engajado. Se estivermos diante de uma situação que represente um salto rumo ao desconhecido, podemos experimentar dar um salto de algum lugar alto, porém seguro, com um foco claro e intenção clara de que esse gesto simboliza a situação real que logo enfrentaremos em nossa vida. Se desejarmos nos libertar do peso da culpa, do arrependimento ou de qualquer condição psicológica que esteja pesando em nossa consciência, podemos carregar, deliberadamente, algo pesado nas costas e, depois de alguns instantes, soltar essa carga com a intenção de nos vermos livres e transformados a partir desse instante.

Se o Eu Básico perceber essa sensação de liberdade e o compromisso do Eu Consciente com a transformação, a força presente nesses rituais libera o medo de mudar ou de fazer o que é necessário para nos sentirmos aliviados. Os rituais podem ser ferramentas muito eficazes na parceria consciente com o Eu Básico. Acreditamos que o rito ordenado ou qualquer ação feita com a consciência da ordem e do cerimonial são maneiras de incluirmos o Eu Básico em nossa vida.

Ritualizar, nesse caso, significa criar as condições ideais para que um evento aconteça. Por exemplo, se vamos preparar um almoço de confraternização, é importante pensar em como vamos convidar as pessoas, no menu, nos arranjos de flores, na escolha das cores, na disposição dos pratos e das pessoas à mesa, no preparo dos alimentos, nas bebidas, na sobremesa, enfim, na "atmosfera" que queremos criar para a ocasião, ou seja, precisamos ritualizar todas as etapas para que o almoço seja um sucesso. O ritual está presente a todo momento em nossa vida, é a maneira pela qual tornamos sagradas as nossas ações, realizando-as com a consciência de que tudo está sendo feito para glorificar a Deus.

Nas empresas, o planejamento de todas as etapas de um processo é chamado de logística. No exercício da Parceria Interior, nós o chamamos de ritual, aquilo que torna sagrados todos os relacionamentos conscientes e qualificados que criamos com a vida. Seja sob o nome de logística ou de ritual sagrado, é isso o que dá qualidade às reuniões, aos encontros e às relações do nosso dia-a-dia, e faz com que o Eu Básico de todos os envolvidos se sinta bem.

Quando vivemos em harmonia com o Eu Básico, nossos dias ficam mais leves e ficamos mais livres para fazer o que mais gostamos: dançar, cantar, caminhar na natureza, encontrar amigos, amar ao próximo como a nós mesmos, viajar, desenhar, pintar, brincar com crianças, curtir a companhia de nossos bichinhos de estimação, escrever poesias, enfim, contemplar e viver a vida sem o peso dos fardos que depositamos na subconsciência e que o nosso servidor fiel zelosamente protege e guarda.

Quando aproveitamos para celebrar aniversários ou qualquer data comemorativa, com o intuito de ritualizar momentos vividos e agradecer pelas aprendizagens e bênçãos recebidas ao longo da vida, o Eu Básico se sente incluído. Aproveitamos esses momentos para louvar a Deus e nos alegrar, percebendo significados e ancorando energias positivas e criativas que, certamente, nos ajudarão a limpar arquivos e a celebrar a vida. A nossa Criança Interior brilha nesses instantes de alegria e satisfação, por mais simples que sejam os nossos gestos e intenções. Estamos, assim, demonstrando ao Eu Básico que acreditamos em nosso progresso e crescimento e na nossa capacidade de nos transformarmos num Ser Integral e consciente de nossa divindade.

Viver com alegria é um aspecto essencial do nosso relacionamento com o Eu Básico, pois, quanto mais criamos alegria e leveza em nossa vida, mais esse parceiro interno se sente valorizado e merecedor do que recebe. Os medos e dúvidas diminuem, as feridas da infância começam a cicatrizar e dádivas maravilhosas começam a se revelar.

As Emoções e o Eu Básico

A emoção é um campo de ação extremamente importante para o Eu Básico. Mesmo quando estamos dormindo, esse campo está ativo por meio dos sonhos. Quando ainda somos criança, antes de termos a mente intelectual formada, as emoções circulam pelo nosso corpo, ocupam vastos espaços na nossa consciência, sem que exerçamos nenhum controle sobre elas. Somente com o surgimento do ego e do sentimento de que temos uma identidade separada do outro, passamos a ter um certo controle sobre as nossas emoções. Podemos dar um sorriso amarelo, fingir que estamos alegres, esconder um constrangimento e negar que estamos com medo. Quando isso acontece, porém, podemos dizer que controlamos apenas o que é visto externamente. Internamente, o nosso Eu Básico sabe perfeitamente qual é a verdadeira emoção que estamos sentindo. As aparências só enganam o ego, ou Eu Consciente, pois o subconsciente registra cada emoção verdadeira e a guarda em seus arquivos na memória.

Há um exercício prático, na cinesiologia, que pode demonstrar esse fato:

Num grupo de trabalho, o coordenador pede a um voluntário que deixe o recinto por alguns instantes. Enquanto isso, orienta as pessoas que ficaram. A pessoa que deixou o recinto vai ficar vulnerável a três tipos de emanações do grupo. Primeiramente todos do grupo vão olhar para ela e, silenciosamente, irradiar sentimentos de apreciação, de amor, de gratidão, enfim, qualquer sentimento que seja inteiramente positivo, caloroso e verdadeiro. Isso é feito por alguns instantes, em total silêncio. Depois, o grupo vai irradiar sentimentos opostos a esses — desprezo, inveja, medo, raiva, impaciência ou qualquer sentimento ou afirmação negativa, também em silêncio. Numa terceira etapa, o grupo volta a sentir sentimentos positivos, se possível com mais intensidade, para neutralizar e equilibrar os sentimentos irradiados da segunda vez, mantendo o silêncio. Entre cada uma das etapas, o coordenador pede que o voluntário faça um teste de força, esticando o braço e tentando mantê-lo esticado enquanto o coordenador tenta com toda força abaixá-lo (porém, sem nenhuma intenção de mostrar que é mais forte). Invariavelmente, na primeira etapa, por causa das emanações amorosas e positivas, o Eu Básico reage com vitalidade e não deixa que o braço do voluntário seja facilmente abaixado; na segunda etapa, depois que o subconsciente recebeu todo o impacto das emoções emanadas pelo grupo, vê-se que a pessoa fica fragilizada e o seu braço não resiste à pressão exercida pelo coordenador; na terceira etapa, ela volta a recuperar a força e resiste, naturalmente à pressão do coordenador, recuperando a sua força vital.

Isso tudo acontece sem que o intelecto e o ego participem diretamente. De certo modo, eles estão "alheios" ao que se passa, pois a leitura vibratória das emoções enviadas pelo grupo é feita pelo Eu Básico. Isso explica por que pessoas mais sensíveis e consideradas mais "psíquicas", ao entrar em certos ambientes com vibrações pesadas, sentem-se desvitalizadas ou começam a bocejar sem parar — uma reação automática do Eu Básico. Esse fenômeno demonstra o quanto é importante estarmos conscientes do que emana da nossa consciência e assumirmos a responsabilidade por essas emanações. O que irradiamos afeta diretamente a nós, a todos os que nos cercam e a tudo o que nos rodeia. Pensamentos emocionalizados, desprovidos de discernimento e desconectados da razão, formam, em grande parte, o lixo psíquico que produzimos de modo inconsciente e inconseqüente; esse lixo afeta a nossa saúde e vitalidade, pois, até que aprendamos a transformá-lo e reciclá-lo, o Eu Básico vai acumulá-lo e, a médio prazo, até criar doenças incuráveis.

Embora socialmente sejamos treinados a esconder ou controlar as emoções, nem sempre isso é possível. Podemos esconder o que estamos pensando, mas não é tão fácil esconder por muito tempo o que estamos sentindo. Como a emoção é, em grande parte, um departamento do Eu Básico, nem sempre o ego consegue manter o controle, e invariavelmente nos vemos metendo os pés pelas mãos ou ficando vermelhos de raiva, roxos de inveja, ou, quem sabe, verdes de ciúme. E todo mundo vê, mesmo quando não temos a menor intenção de dar vexame em público. O Eu Básico simplesmente toma as rédeas.

Quando as emoções positivas e socialmente aceitas emergem no nosso dia-a-dia, geralmente o Eu Consciente assume o comando de sua expressão e fica mais fácil fazer parceria com o Eu Básico. Os sentimentos de bemestar e harmonia de um intelecto em sintonia com as emoções se traduzem em vitalidade, clareza e afetuosidade, que são irradiados de nós.

Em anos recentes, alguns autores e profissionais de várias áreas começaram a reconhecer e aceitar a importância da inteligência emocional no ser humano. Se antes o intelecto reinava soberano como um aspecto a ser desenvolvido com primazia, hoje se sabe o quanto uma pessoa emocionalmente inteligente é capaz de criar um diferencial qualitativo em qualquer contexto. Essa descoberta representa uma evolução na consciência humana, pois esse reconhecimento implica a inclusão do Eu Básico como parte de nosso Ser Total. A inteligência emocional é, na verdade, a síntese de uma mente em sintonia com os sentimentos e com as emoções, que não precisam ser socialmente reprimidos ou considerados expressões inferiores.

O Eu Básico é um grande gerenciador de emoções. Ele sabe o que fazer quando uma emoção surge no horizonte da percepção. Se estivermos coléricos por alguma razão justificável, ele prepara toda a cena. Aumenta o volume da nossa voz, faz com que comecemos a falar sem parar e a fazermos movimentos com as mãos e com o corpo; nosso olhar se transforma e tudo muda em nossa expressão corporal. Toda emoção tem um ciclo, e depois que ele começa, fica muito difícil contê-lo. Se não queremos "perder a cabeça", é melhor percebermos a emoção assim que ela surge e tomarmos uma atitude consciente, antes que inicie o seu ciclo.

As emoções têm características próprias. As expressões emocionais são aprendidas inicialmente no ambiente familiar e depois nas comunidades próximas. Criamos um campo emocional que vai sendo reconhecido e valorizado pela família e pela comunidade, e que deixa sua marca em cada um de nós. O fato de que a expressão emocional é aprendida fica evidente em situação repentina, quando o Eu Básico não tem tempo de decodificá-la ou reconhecê-la de acordo com seu referencial interno e pode, de início, ficar sem reação alguma; chamamos isso de paralisação emocional. Estamos falando aqui de situações comuns, não daquelas traumáticas que geram um choque emocional. Em casos extremos, em acidentes ou experiências violentas, o choque emocional é uma proteção inteligente e orgânica da pessoa que está vivendo a experiência. O exemplo que se segue ilustra bem isso:

Rosana, que tinha acabado de ficar noiva, voltava para casa no carro do noivo. Ao se despedir dele, o carro foi abordado por assaltantes que os seqüestraram e os levaram para uma região afastada da cidade. Um dos assaltantes pediu-lhe que lhe desse todas as jóias, mas, em vez de entregar o anel de brilhantes que acabara de ganhar do noivo, conseguiu colocá-lo na boca e escondê-lo do assaltante. Ao chegar a um lugar afastado e deserto, e sob a mira de um revólver, Rosana e o noivo foram obrigados a sair do carro; o noivo foi amarrado a uma árvore e ela, violentada pelos assaltantes. O que ela conta dessa terrível e devastadora experiência é que, durante todo o tempo em que estava sendo violentada, toda a sua atenção se concentrou no anel de brilhantes que ela guardava na boca e que, cuidadosamente, passava de um lado para o outro da boca para que não fosse notado pelos assaltantes. Ao agir dessa forma, ela conseguiu se "desligar" completamente das emoções, ao mesmo tempo que sentia o corpo anestesiado. Em dado momento, os assaltantes entraram no carro e foram embora, deixando Rosana e o noivo em um local ermo e escuro. Ao perceber que eles haviam partido, Rosana levantou-se rapidamente e foi desamarrar o noivo, que estava completamente traumatizado e em estado de choque. Ela o apoiou até que chegassem à estrada principal, pois ele respirava mal e quase não conseguia andar. Rosana assegurava ao noivo que ela estava bem e que precisavam chegar a um lugar onde pudessem pedir ajuda. Felizmente, conseguiram chegar a um posto policial e dali foram levados diretamente para um hospital. Somente depois de ter sido examinada e finalmente "relaxar", foi que Rosana percebeu o quanto estava machucada e começou a sentir dor. Embora o noivo tenha passado vários meses traumatizado, recebendo acompanhamento médico, Rosana se recordava apenas do estado de intensa concentração que manteve enquanto escondia o anel de noivado na boca; esse estado parece ter sido sua grande proteção contra o trauma e a dor.

As expressões emocionais são aprendidas, primeiramente, no núcleo familiar e depois nas comunidades em que vivemos, e é possível que não desenvolvamos "todas" as emoções conhecidas.

Um outro fenômeno interessante diz respeito às características comuns de um povo, que conferem um traço especial à nação e podem ser exatamente o tipo de emoção que a identifica num contexto global. A manifestação coletiva de emoções irradiadas pelos Eus Básicos acaba formando um campo energético que ativa subliminarmente essas emoções, produzidas por razões que só a história do país pode nos contar. No que diz respeito ao povo brasileiro, os aspectos emocionais que compõem o nosso jeito de ser (alegres, afetuosos, hospitaleiros, etc.) estão potencialmente presentes, ou latentes, nos Eus Básicos de todos que fazem parte da psique coletiva da nação brasileira.

Na psicologia do ser, existe uma diferença entre emoção e sentimento. Enquanto as expressões emocionais são aprendidas, o sentimento nasce do coração de maneira inesperada, única, autêntica e verdadeira. As sensações, por sua vez, são mais controladas pelo Eu Básico, que sabe das nossas necessidades e as comunica ao Eu Consciente por meio do corpo físico, para que possam ser atendidas pelo Ego. As emoções fazem parte do domínio do Eu Básico e da Criança Interna, em uma parceria.

O Eu Básico e as reações psicossomáticas do corpo

Na relação com esse parceiro interno, é de vital importância compreender as mensagens codificadas que ele usa para nos proteger do que considera perigoso. Se pudermos interpretar as mensagens que o nosso Eu Básico comunica por meio de sintomas, provavelmente ficaremos mais protegidos e evitaremos que uma doença mais grave se desenvolva.

A maioria dos problemas de saúde, quando não causados por epidemias ou fatores genéticos, tem uma conexão direta com o subconsciente. O Eu Básico marca sua presença por meio de doenças psicossomáticas, que servem para atrair a nossa atenção e revelar que existe a possibilidade de que um trauma emocional seja a causa dos sintomas. Isso acontece inconscientemente e, muitas vezes, não sabemos que, no nosso íntimo, está a causa direta do nosso sofrimento.

Se o Eu Básico percebe que o corpo está sendo ameaçado, ele cria os sintomas de uma doença para chamar a atenção do Eu Consciente. Desse modo, ele procura ajuda ou segurança, fazendo a sua parte para que nos tornemos conscientes de suas necessidades. Ele alcança seu objetivo mudando as funções químicas do corpo, alterando a pulsação, o ritmo respiratório, a pressão sangüínea ou qualquer aspecto da nossa fisiologia, para produzir um sintoma e chamar a nossa atenção. Não é incomum descobrirmos um problema de saúde mais grave, por meio de um sintoma aparentemente menos importante.

Se o Eu Básico pode programar os nossos hábitos e mantê-los com fidelidade, não tem dificuldade para reprogramar qualquer das funções biológicas dos nossos sistemas corporais vitais, para criar dificuldades e ajudar a produzir uma desordem celular, a que chamamos câncer. É evidente que essa é uma questão muito complexa, mas já se sabe que, hoje, todas as ciências médicas enfatizam a importância dos bons hábitos alimentares e da qualidade de vida no nível físico, emocional e mental, como arma contra o câncer.

Como o Eu Básico é vulnerável a toda e qualquer impressão (física, emocional e mental) que vem do Eu Consciente, ele não decide por si mesmo o que é bom ou ruim para o corpo, mas atende aos desejos de um nível de consciência que funciona como seu "mentor espiritual".

Quando o Eu Consciente faz a Parceria Interior com o Eu Básico, ele começa naturalmente a perceber as mensagens que vêm do subconsciente e reconhece quando o corpo precisa descansar, por exemplo, ou quando estamos exigindo ou abusando demais de suas defesas e ritmo biológico. Uma dor de cabeça leve, um suspiro profundo, um tremor na pálpebra, uma pontada em alguma parte do corpo ou qualquer outra manifestação podem chegar de leve, como um breve aviso de atenção, mas, se negligen-

O EU BÁSICO ❖ 119

ciados, o Eu Básico logo faz surgir sintomas de *stress*, depressão e doenças cada vez mais graves.

O Eu Básico não descansa enquanto não traz à luz da consciência uma situação traumática da infância; para isso, ele envia avisos por meio de sonhos ou nos faz viver repetidamente uma situação ou experiência que produza um conjunto de sintomas, tais como depressão, fobia e pânico, até que nos sintamos prontos a conscientizar e resolver o problema devidamente.

O caso de Maria ilustra bem essa situação. Nascida numa família que emigrou para outro país para fugir de conflitos religiosos, ela era a mais velha dentre muitos irmãos. Habituou-se a cuidar deles e a assumir o lugar da mãe, que se sentia muito fragilizada. Ainda com pouca idade, Maria ajudava a atender às necessidades dos irmãos mais novos, como também as de sua própria mãe. Os irmãos foram crescendo, cada um seguindo a sua vida, e Maria continuou na missão de cuidar da mãe, que ficara viúva. Os papéis se inverteram e a mãe passou a ser como uma filha, dependente e carente de seus cuidados. Maria tentou viver sua própria vida, mas não conseguiu sair dos limites que lhe eram impostos. Ela era a heroína que não conseguia pôr a mochila nas costas e fazer sua jornada de autodescoberta por terras desconhecidas. A essa altura, ela já estava condicionada pelo medo e pela culpa. Sem saber se podia ter sua própria vida e sem forças para se rebelar contra o destino, Maria desenvolveu uma grave artrose nos joelhos. O Eu Básico de Maria, treinado para acreditar que estaria sempre às voltas com o mundo familiar, travou-lhe a possibilidade de se articular com outros mundos, além do já conhecido. E, além dessa programação que lhe dava segurança e identidade, Maria ainda não percebia que não se dava o direito de ser feliz. Toda vez que surgiam oportunidades para que sua vida mudasse ou para que ela assumisse a sua jornada pessoal rumo ao desconhecido, que descortinaria novas visões e possibilidades para viver a vida da Alma, ela se envolvia em sérios acidentes, por pura distração, típicos de um Eu Básico atropelado em suas próprias crenças rígidas. O medo e a culpa sempre venciam no final, além de deixarem os seus joelhos travados pela artrose. Maria encarnava o papel clássico da boa e doce vítima que, sem saber e sem querer, pelas circunstâncias da vida, acreditava na perpetuação de sua condição.

Se o Eu Básico *"envelhece"* com os seus hábitos no submundo da consciência, muita energia consciente e supraconsciente passa a ser necessária para remover, amorosamente, o que levamos anos para criar. Convencer o nosso velho parceiro de que mudar é bom exige muita determinação e atenção plena ao que estamos criando com o que pensamos e sentimos, a cada momento de nossa vida.

O aforismo que diz: "Dá-me um pensamento e te darei uma ação; dá-me uma ação e te darei um hábito; dá-me um hábito e te darei um caráter" confirma inteiramente a realidade dos mecanismos pelos quais o Eu Básico atua em nossa consciência.

Reconhecer que o Eu Básico interfere nas condições da nossa saúde, principalmente a física e a emocional; perceber que ele é responsável pelo batimento ritmado do nosso coração e por fazer com que o ar chegue aos nossos pulmões e o oxigênio seja carregado pelo sangue para onde for necessário; entender que ele controla, subconscientemente, nosso sistema circulatório e o número de glóbulos vermelhos e brancos que temos; que administra o envio de células brancas para nos defender do ataque das doenças; que cuida do equilíbrio químico em nosso corpo e decide o que vemos e o que não vemos, os sons que ouvimos e os que não ouvimos; enfim, abarcar com toda atenção essas realidades subconscientes que não dizem respeito ao Eu Consciente, é fundamental para a nossa integridade e para que vivamos na plenitude do nosso destino humano-divino.

E quanto à Maria, protagonista do nosso último exemplo, se ela reconhecer o seu dilema e dialogar com o Eu Básico, dando-lhe provas sistemáticas de que está consciente de sua verdadeira motivação, lembrando-se de mudar os velhos hábitos que a fazem representar o papel da vítima, imobilizada pela autopiedade, quem sabe o seu Eu Básico poderá fazer o sangue circular corretamente pelos seus joelhos? Quem sabe, livre da vítima interior, ela preste mais atenção ao dirigir e evite os acidentes desnecessários? Quem sabe ela descubra que merece ser amada e respeitada, primeiramente porque ama e respeita a si mesma, e assim todos poderão fazer o mesmo? Quem sabe Maria poderá ir ao encontro dos seus sonhos mais esquecidos e realizar a tarefa que a sua Alma arquitetou em seu coração?

Nosso Eu Básico é extremamente inventivo quanto ao que fazer com o medo ou com qualquer emoção reprimida. Uma vez que o desafio é reconhecido e transformado em oportunidade de criar uma parceria consciente com ele, os sintomas e as incapacidades se soltam e nos sentimos como se um grande peso tivesse sido tirado de nossos ombros.

O EU BÁSICO ❖ 121

Por outro lado, é muito importante que estejamos seriamente decididos a buscar os meios de nos curar. Algumas pessoas, diante da possibilidade da própria cura, fogem ou adiam a transformação, por se sentirem seguras, identificadas com sua condição, ou por acreditarem que ninguém pode realmente fazer nada por elas. O Eu Básico, nesse caso, providencia para que os sintomas da doença permaneçam inalterados.

Na linguagem do subconsciente, a dor pode significar raiva reprimida ou qualquer emoção que não aceitamos expressar. Por essa razão, o subconsciente providencia a dor para que possamos perceber o que precisa ser esclarecido. Os distúrbios psicossomáticos têm muitas causas. Elas são um pedido de ajuda ou a expressão de um trauma emocional escondido. Seus efeitos podem ser graves o bastante para causar qualquer tipo de doença, desde cãibra até um câncer. Ao criarmos uma parceria consciente e afetuosa com o Eu Básico, podemos reconhecer o trabalho constante e vital que ele realiza para que tenhamos vida em abundância e da melhor qualidade. Como Eus Conscientes, nossa tarefa mais importante é cuidar para que a ligação entre o Eu Básico e a Alma seja a mais direta e saudável possível; assim, nós nos responsabilizamos pela qualidade do que ingerimos, pensamos, sentimos e emanamos no nosso dia-a-dia.

A história de Anna ilustra muito bem como podemos agir de maneira positiva com o Eu Básico, mesmo diante de uma situação aparentemente muito grave:

"Em 1998, recebi o diagnóstico de câncer de mama. Isso me surpreendeu muito, pois não sentia que tinha temperamento para essa doença; por outro lado, sei que tenho uma forte predisposição genética para ela, pois já haviam ocorrido alguns casos em minha família. Desde o primeiro momento, iniciei uma conversa com Angelina, meu Eu Básico, tentando encontrar um significado mais profundo para a doença.

Sabemos que existem muitas explicações para o câncer de mama e, se descobrimos esse sentido profundo, podemos ter uma chance maior de cura. Iniciei uma conversa com Angelina e com os meus parceiros internos e obtive como resposta que eu seria curada. A partir daí fiquei muito mais tranqüila e segura e iniciei os preparativos para realizar a cirurgia. Sabemos que a medicina não acredita em nada disso, e talvez, não tenha mesmo de acreditar, porém, para mim, era importante contar com a ajuda de meu Eu Básico, inclusive durante a cirurgia, enquanto estava inconsciente. A cirurgia foi marcada. Os médicos acreditavam que talvez fosse necessário tirar todo o seio; nesse caso, um cirurgião plástico estaria a postos para fazer a prótese. Enquanto eu escutava o médico falando isso, ouvia dentro de mim, "Nada disso será necessário; o nódulo está restrito, não se preocupe". Eu sabia que Angelina estava cuidando de tudo; é claro, agindo em parceria com minha Alma, a qual chamo de Johnny, e com o Anjo, a quem chamo de Al'Shebar. Chegou o dia da cirurgia, tudo tinha sido providenciado, e eu estava absolutamente tranqüila quando disse ao médico que não precisaria fazer a prótese. Ele, por precaução, advertiu-me: "Dona Anna, gostaria que a senhora estivesse preparada para tudo". Eu respondi: "Doutor, eu estou preparada, mas tenho certeza de que não será necessário. Vamos seguir em frente".

"Realmente, não foi necessário fazer a prótese; fiz uma quadrantectomia, pois o tumor era muito pequeno. Fiz 36 aplicações de radioterapia, e mais uma vez meu Eu Básico me ajudou. A radiação é muito forte e, em geral, a pele queima muito e faz bolhas, o que machuca e causa dor. Durante todo o processo, conversei muito com a Angelina e lhe disse: 'Angelina, você tem sido ótima comigo, vamos aceitar positivamente o desafio que representa este momento; vai dar tudo certo, e você vai me ajudar a passar por esse tratamento sem sentir dor nem sofrer'.

"Passamos pelo teste novamente, pois não tive problemas sérios com minha pele; um pouco de vermelhidão, uma pequena marca, nenhuma bolhinha nem descamação. As minhas "colegas" de radioterapia tinham tido, todas elas, problemas que as impediam de continuar ao tratamento; vi feridas muito feias e doloridas, mas a minha parceria com Angelina me fez escapar de tudo isso. Tive um pequeno problema intestinal, como efeito colateral da radiação, mas isso também foi tratado com a ajuda de meu Eu Básico."

Acredito imensamente na Parceria Interior; tenho vivido muitas experiências que me mostraram a sabedoria imensa que existe no Eu Básico e o quanto podemos mudar as condições da nossa saúde se dermos atenção às vozes que vêm do nosso interior; aquela voz que nos diz "Não coma isso", "Não faça aquilo", "Precisamos descansar", "Estou aqui falando com você e você não me dá nenhuma atenção" e as vozes mais sutis que ressoam no silêncio da nossa consciência.

Todos nós ouvimos a voz interna nos dizendo quando devemos parar, cuidar de nossa saúde, deixar de comer algo, deixar nossos vícios; mas simplesmente deixamos de lado tudo isso e continuamos, por força do hábito, a fazer coisas que nos fazem mal. Depois, quando algo acontece, nos lembramos do que já tínhamos "ouvido" e percebemos que deveríamos ter parado muito tempo antes. Às vezes, à essa altura já é tarde demais.

Já sabemos da importância de "alimentar" o nosso Eu Básico com pensamentos e emoções claros, positivos e pró-ativos. Do mesmo modo, é preciso alimentar o nosso corpo físico com alimentos saudáveis e livres de toxinas e produtos químicos que causam as mais variadas doenças. Além de prestar atenção a tudo isso, podemos revitalizar os nossos alimentos tomando uma atitude que vai atuar nos níveis sutis e subjetivos da nossa consciência e de tudo o que nos cerca.

Eis uma maneira prática de abençoar e revitalizar os alimentos com todos os parceiros internos e que convida o Eu Básico a participar ativamente com seus dons. Trata-se de invocação de bênção e agradecimento que nos foi transmitida por Sara Marriott; esta era a sua maneira de abençoar os alimentos, antes de saboreá-los:

Diante do alimento, e em silêncio, podemos inspirar e expirar algumas vezes, ou fazer a respiração de contato com o Eu Básico como descrita nas páginas 72-73.

Pedimos que esse alimento seja abençoado e agradecemos à nossa Mãe Terra e ao nosso Pai Sol, aos amorosos Espíritos da Água e do Ar e aos dons dos reinos da Natureza que dele participam. Em seguida:

"Agradecemos àqueles que participaram de sua manifestação e preparo.

Agradecemos ao milagre que transforma este alimento e esta bebida na energia que fortalece e dá saúde ao corpo, onde habita o nosso Espírito.

Agradecemos pela purificação da nossa vida e ao Espírito radiante que flui através de nós, para nos ajudar como povo desta Terra.

Agradecemos aos Seres Bem Amados que nos guiam".

Se tivéssemos que descrever tudo o que o Eu Básico realiza em níveis subconscientes, a cada bilionésimo de segundo, isso não seria possível, mesmo que falássemos, ininterruptamente, durante 24 horas. E o mais extraordinário de tudo isso é que, apesar dos nossos momentos de egoísmo e desatenção, esse admirável parceiro, em total sintonia com a nossa Alma, está inteiramente dedicado ao nosso bem-estar e contentamento. O que estamos esperando para lhe dar a mais positiva e amorosa atenção? Um alimento mais saudável? A mais profunda e sincera gratidão? Retribuir-lhe com gestos de bondade e pensamentos positivos as dádivas de uma vida em harmonia com a Divindade que nos sustenta?

CAPÍTULO IV

A CRIANÇA INTERIOR

Sweet Child of Innocence

Oh sweet child of innocence
You sang a song to me
And in your smile and laughter
You set my spirit free,
You caressed away my hardships
With your gaiety and show
And in your own but simple way
I know you let me know
That your love for me was bottomless
Over three thousand fathoms deep
And no dam could stop the love
You had laid down for me to reap
Your mind has got a silken thread
Of a pure and magic weave
That was meant to love and glorify
Never meant to deceive
For deception has saddened many
Who refuse what they receive
And they look for others answers
For they just cannot believe
That this child is just a messenger
Of a love that's rich and pure
And it's we who are too oft times sick
And too blind to see our cure.

Doce Criança da Inocência

Oh, doce criança da inocência
Cantaste para mim uma canção
E no teu sorriso e na tua risada
Libertaste meu espírito da ilusão
Amenizaste com carícias o meu cansaço
Com teu jeito todo alegre de ser
E dessa forma tão simples e tão tua
A tudo me permites conhecer
Pois teu amor por mim é assim profundo
Muito além de sondáveis medidas
E barragem alguma poderia contê-lo
Nem tuas dádivas por mim colhidas
Tua mente traz em si um fio de seda
E uma trama de pureza e de magia
Tecida para amar e glorificar
Sem que o engano jamais tenha valia
Pois a decepção que a muitos entristeceu
Quando não quiseram receber sua quantia
E buscaram respostas em outras partes
Sem poder acreditar na sintonia
De uma criança que é só a mensageira
Do amor cuja verdade é pura
E somos nós que muitas vezes adoecemos,
Estando cegos demais para ver a nossa cura.

Tim Buckley

A parceria mais cheia de graça

"A uma criança lhe daria asas, mas deixaria
que aprendesse a voar sozinha."
— Gabriel García Márquez.

A criança que está dentro de nós é um ser inocente, instintivo e muito luminoso. Mesmo depois que nos tornarmos adultos, aquilo que foi a nossa experiência de ser criança permanece eternamente registrada no corpo e na consciência da Alma.

Gradualmente, com o passar dos anos, na vida da maioria das pessoas, o poder da criança interior se recolhe num espaço recôndito da consciência. À medida que vamos nos revestindo de valores culturais e o nosso corpo físico vai mudando, somos levados a nos esquecer e a nos separar da experiência vivida pela criança eterna dentro de nós.

Essa criança interior (que pode expressar as qualidades de ser eterna, divina, espontânea e ferida) fica impressa em nossos gestos, nas nossas expressões faciais e nos nossos comportamentos. A pessoa que se desenvolve sem cindir-se da sua criança interior, em geral, é muito apreciada e querida, pois tende a ser alegre, brincalhona, criativa e principalmente muito amiga de todos. Há uma espontaneidade e alegria que sabemos que só pode vir de uma criança que foi, e continua sendo, muito feliz. Essa experiência nos leva a pensar que ela provavelmente teve uma infância muito boa, foi protegida e bem cuidada. Uma pessoa assim não nos amedronta e nos aproximamos dela sem receios e defesas.

Poderíamos então nos perguntar para onde vai a memória, o sabor, enfim, a essência da experiência que a nossa Alma viveu enquanto estávamos no corpo e no mundo emocional de uma criança? O que a Alma faz com essas experiências na nossa vida adulta, quando não conseguimos mais manifestar nossa criança interior como antes?

A criança dentro de nós era "inocente" durante sua existência física e o seu poder e simplicidade permanecem eternamente no campo de nossa consciência total. É por meio da sua capacidade de brincar e do seu entusiasmo que aprendemos a ver a vida com olhos novos e inocentes; é ela que nos conecta com o dom espiritual da imaginação. Ela é também a promessa de um contínuo desabrochar, o dínamo por trás de nossas aprendizagens e um centro aberto para a vida. Por causa de sua curiosidade inata, podemos descobrir, explorar e desenvolver as capacidades que o adulto em nós assume mais tarde.

É essa mesma criança que, em sua pureza original, desafia-nos a assumir riscos e a deixar que as coisas se tornem transparentes, sem rodeios e sem máscaras. A criança interior representa um poder arquetípico que a Alma utiliza para revelar o seu plano maior, em ciclos contínuos de aprendizagem e renovação. Ela está sempre presente em nossos olhos, em nossos sorrisos e em nossa alegria, em nossos desejos escondidos e, principalmente, em nossa vulnerabilidade ao afeto e à necessidade de atenção. Quando a espontaneidade e a alegria se fazem presentes em nossa vida de adultos, a criança eterna também se faz.

A conhecida frase de Jesus, "Não entrareis no Reino dos Céus se não voltardes a ser criança", refere-se exatamente a esse estado humano de resgate da criança que vive dentro de nós, por intermédio de suas qualidades essenciais:

- Capacidade de ficar no momento presente;
- Inocência, que significa abertura contínua e incondicional para o novo, sem prejulgamentos ou preconceitos;
- Confiança, autenticidade, transparência, alegria, vulnerabilidade, espontaneidade, vivacidade e tantas outras qualidades que emergem da experiência da Alma quando ainda somos crianças, ou quando, em qualquer tempo, nos conectamos com a essência eterna da criança dentro de nós.

Essa criança interior que, num certo sentido, fica guardada na Alma, precisa nascer dentro de nós mesmos. Assim como nossos pais são os agentes do nascimento de nossa criança biológica e do corpo físico, que vai crescer, desenvolver-se e ser o templo de muitos eus, as dores que muitas vezes vivenciamos na vida, os desafios e as descobertas que fazemos para "vir a ser" levam-nos, num determinado momento de nossa história e jornada pessoal, a *dar à luz* uma criança interior eterna, que tomamos sob nossos cuidados e decidimos amar com todas as forças do coração. É ai que poderemos dizer: "Dei à luz a mim mesmo, com todas as minhas facetas passadas e presentes e com tudo o que potencializa o meu futuro". Desse modo, nós nos transformamos em parteiras e parteiros de uma nova vida, conscientes da qualidade da experiência vivida pela nossa criança interior.

A Criança Interior Divina

A criança divina em nós está diretamente ligada à existência da nossa Alma, porém se expressa em sua inocência, espontaneidade e alegria sempre que a convidamos a participar da nossa vida e dos momentos de profundo desafio, para nos lembrar de que a vida não é aquilo que se apresenta. A vida está além da ilusão dos fatos e dos fenômenos que nos circundam, e a criança interior sempre aparece para nos lembrar desse fato e nos fazer rir de nossas próprias misérias.

Para alguns, a criança divina e arquetípica é a própria Alma que nunca é afetada pela dor infligida a muitas crianças humanas, neste mundo confuso em que vivemos. Sua inocência e pureza não podem ser ameaçadas pelas experiências dos seres humanos comuns. Ela vive dentro de nós e nos potencializa com o dom sagrado da inocência arquetípica, aquele que nos impele a experimentar o novo e a começar qualquer experiência, com uma amorosa e inquestionável espontaneidade. Se não estivermos expressando o deleite e o prazer de existirmos, podemos dizer que a criança divina está recolhida na consciência da Alma. Na verdade, podemos dizer que ela, que já existia antes de nascermos, não pode ser ferida e nem terá fim quando o nosso ego vier a morrer.

A criança divina está interconectada com tudo e com toda a vida. Tudo o que se passa ao nosso redor é visto por ela, sem máscaras e sem justificativas, pois ela apenas vê sem precisar emitir julgamentos. Ela percebe a verdade por trás de tudo, inclusive de nossas afirmações. A criança divina, quando se expressa em nós, fala com sabedoria, inocência, amor e verdade. Ela não usa qualquer artifício, nem faz jogos psicológicos. Para sentirmos algumas das experiências que nos vêm por seu intermédio, é preciso que estejamos totalmente entregues, sensíveis e abertos. Quando vivemos uma experiência que nos preenche de vida ou quando ouvimos uma musica que nos toca a alma, isso também é sentido pela nossa criança, pois é por meio de sua sensibilidade e emoção que nós vivemos essa experiência ou ouvimos essa música.

A criança divina tem uma função sagrada em nosso processo evolutivo, pois ela existe para manter a nossa inocência original e a vulnerabilidade ao que é divino em nós, não importando o que aconteça. Ela pode sempre nos conduzir a um lugar de frescor, para que vejamos as coisas como se fosse pela primeira vez. Ela nos dá a capacidade do encantamento diante da vida e nos chama a atenção quando deixamos as coisas pesadas, seja por um uso excessivo do intelecto e da lógica, ou pela falta de contato com experiências e fatos concretos. Ela nos cutuca quando estamos sisudos e nos levando a sério demais ou quando exageramos a nossa importância. Enfim, a criança divina impulsiona-nos a lembrar de ver e de sentir o mundo sem preconceitos, na espontaneidade reveladora do que cada momento nos traz.

Essa criança é verdadeira em seus atos, é honesta e direta, a tal ponto que nos comove. É uma parceira interna espontânea, alegre, inteligente e extremamente amorosa. Mesmo quando expressa opiniões a respeito de algo que poderia chocar a pessoa que ouve, ela é puro amor e doçura e nada do que diz pode ser considerado ofensivo; isso ajuda muito na hora de ouvirmos as verdades sobre nós.

Ela está protegida da idéia do sofrimento, pois percebe, com sensibilidade e pureza, as experiências que a vida nos traz. A Criança Interior divina está associada às nossas necessidades de alegria espontânea, de amor, de afeto e principalmente de nos entregarmos às experiências transcendentes que nos levem, por meio da fé, aos níveis mais inclusivos de nosso Ser. Não há medo nessa experiência. O medo é uma maneira de evitarmos entrar em contato com essa nossa parceria.

Em uma visita ao Ashram de Sathya Sai Baba, um mestre querido que vive em Puttaparti, no sul da Índia, pudemos entrar em contato com sua criança divina em muitos momentos, principalmente nas festividades, quando se sente livre de seu papel de mestre. Nesses momentos, ele canta, recita poesias e se expressa somente no seu puro amor, de um jeito que nos faz perceber sua criança divina ali presente, sensível, vulnerável. Por outro lado, ele também evoca a nossa criança divina. Tornamo-nos, diante dele, crianças que se entregam a experiências profundas em seu campo de divindade. Podemos viver muitas vezes a experiência de estarmos diante do Pai, do Protetor, de Deus, que vai cuidar de nós; nós nos emocionamos ao nos aproximar de Sai Baba, ou quando, num momento de sincronia, diante de milhares de pessoas, ele olha dentro dos nossos olhos, dentro de nós, dentro do Deus que há em nós. Só quem já viveu essa experiência pode saber o que é esse momento único, universal e cósmico.

Uma outra experiência parecida aconteceu quando encontramos Sua Santidade o Dalai Lama. Fomos a um Culto Ecumênico na Catedral da Sé, principal igreja católica de São Paulo, em que estavam presentes representantes importantes de várias vertentes religiosas, entre eles, Sua Santidade, representante do budismo tibetano. Durante todo o culto, ele parecia uma criança cheia de entusiasmo; olhava para trás, sorria, olhava o público, não parava, ao mesmo tempo que espalhava o seu poder de compaixão. Expressava uma alegria e uma espontaneidade admiráveis, que líderes em posições como a dele, em geral, não demonstram. Ali, porém, nada disso importava, simplesmente estava presente sua criança divina, eterna e maravilhosa, sem pudores de se entregar e ser vista diante de um público que sorria a cada vez que sua criança mostrava-se como ela é.

Viver a liberdade do Ser é o grande desafio da nossa humanidade, que vive constantemente subjugada pelas limitações das regras, pelas leis, pelos líderes das mais diferentes ideologias, que determinam o que devemos ser e fazer. Neste mundo, expressar a criança divina é um grande desafio. Ela com certeza está além da dualidade entre o certo e o errado e entre o adequado ou o inadequado; está na integralidade do Ser e, conseqüentemente, não corresponde ao paradigma estabelecido e tradicional. Convenções não têm nada a ver com ela. Ela representa a liberdade do Ser. Representa a saúde do Ser. A Luz da Vida. E quando ela está presente em nossa vida, só há alegria, amor, verdade, compaixão e confiança!

Poderíamos ficar horas falando da criança divina em nós. Todos nós podemos percebê-la em momentos importantes, quando algo nos sensibiliza a ponto de não contermos as lágrimas de alegria pura, sensibilidade, compaixão, entrega, iluminação!

A Criança Espontânea

Mais fácil ainda é reconhecer a criança espontânea que aparece, muitas vezes, em situações variadas. Ela pode estar por trás de um trocadilho, de um comentário bem-humorado, de uma música que cantarolamos sem perce-

A CRIANÇA INTERIOR ❖ 131

ber, até mesmo de uma situação engraçada da qual só nos damos conta depois. A criança espontânea tem dois lados, ou seja, é espontânea na alegria, no prazer e nas artes e também na raiva, na tristeza e na vergonha.

Viver a criança espontânea está cada vez mais difícil, principalmente porque logo alguém diz, "Não estou vendo nenhuma graça nisso!" Por outro lado, é essa criança em nós que traz as maiores alegrias e satisfações. É a brincadeira, é o bom humor, a piada bem colocada, a farra com o grupo de amigos ou primos, com a família. Quando pegamos fogo! Essa criança é bem típica da nação brasileira. Aqui temos essa qualidade de termos uma criança espontânea muito exteriorizada. Basta ver um jogo de futebol, as crianças espontâneas estão lá ao vivo ou na telinha.

Nos movimentos coletivos, a criança espontânea se esbalda, como se dizia antigamente. Por mais sérios que sejam os motivos que estejam por trás da passeata ou do agrupamento, lá encontramos a criança se divertindo por estar com seu grupo. Um exemplo conhecido foi o grande movimento de massa que aconteceu na ocasião do *impeachment* de um presidente da República. As pessoas saíram pacificamente às ruas, com as cores verde, amarela, azul e branca, cores da Bandeira Nacional, pintadas no rosto, simbolizando um movimento em prol da nação brasileira. Quando as crianças interiores espontâneas estão presentes, não há violência; elas agem pacificamente, alcançando dessa forma o objetivo que desejam.

A criança espontânea pode ser vista em situações que deveriam ser sérias. Quantas vezes em reuniões com líderes de uma empresa multinacional tivemos de convidar os adultos a voltar para a reunião, pois suas crianças internas tinham aparecido e estavam criando o maior tumulto. Na arte, inclusive da vida, é ela que traz as saídas mais espetaculares. O futebol brasileiro mostra isso: temos de fazer tudo com prazer e alegria, por motivações que não podem excluir o amor e a amizade. Não adianta exigir dos nossos jogadores uma disciplina militar, eles nem sabem o que é isso. A criança interior joga futebol por prazer, por alegria; se tiver o peso da seriedade ela vai jogar um futebol reprimido, intimidado. O futebol está internalizado como o momento de alegria, de soltar as feras internas, de amizade, de compartilhar o movimento e a euforia do gol. Fazer com que os jogadores brasileiros sejam sérios é pedir que eles não ganhem a partida. O gingado famoso, a liberdade e a criatividade dependem dessa criança livre, leve e solta que vive no interior de cada um deles. Foi assim que eles começaram e é assim que é bom jogar.

Nos outros esportes acontece algo parecido. É por essa razão que, para os brasileiros, os esportes coletivos são melhores do que os individuais. Nos esportes individuais, a seriedade fica muito mais evidente e falta a brincadeira, o bom humor, fica-se muito solitário. Essa não é uma característica típica do Brasil. Mas isso não quer dizer que não possamos ter bons esportistas que se destaquem nesses esportes.

A criança espontânea aparece em muitos lugares. Uma vez eu soube da história de uma senhora que, em um velório, foi cumprimentar a viúva que estava desconsolada e, em vez de lhe dar os pêsames, deu-lhe os parabéns; a viúva estranhou e se virou para a amiga, dizendo: "Cidinha, o que você está me dizendo? Parabéns?" Nesse momento, a senhora que tinha uma criança muito espontânea disse: "É parabéns, sim, pois seu marido era um homem muito bom! Pode estar no céu!" E aí ficou tudo resolvido, apesar de não haver total certeza de que o marido realmente estivesse no céu. Esse é o espírito dessa Parceria Interior, cuja emoção e a espontaneidade estão sempre presentes.

Blanche é a criança interior espontânea de Anna. Quando alguém lhe pede uma opinião, ela diz o que realmente pensa, não faz nenhum tipo de jogo, mas fala com amor, com leveza e principalmente com sabedoria. Ela sabe nomear muito bem, quando lhe pedem, a criança interna de outras pessoas. Certa vez, éramos hóspedes de um casal canadense que vivia há muitos anos nos Estados Unidos. Estávamos num desses momentos únicos de conversa a respeito de nossas experiências espirituais quando, em determinado momento, surgiu a questão da Criança Interior. Martin, nosso amigo, perguntou a Anna se ela poderia dizer o nome da criança interior dele. Blanche, como é toda certinha, disse-lhe logo: "Ruby!" Ao ouvir esse nome, Martin se surpreendeu, pois fazia todo sentido para ele. Vimos pela sua expressão que havia algo que só ele poderia saber a respeito desse nome, mas que preferiu não dizer. Maida, sua esposa, logo nos olhou interessada e perguntou: "Blanche, e qual seria o nome da minha criança interior? Blanche imediatamente respondeu: "Amy Lea!" Maida demonstrou espanto e quase não acreditou no que tinha ouvido, pois esse era o nome de sua mãe, que Blanche jamais ouvira. Um nome de que ela sempre gostara desde menina. As meninas internas são, sim, muito sábias! Assim como os meninos, que sabem solucionar situações difíceis.

Falar da criança interior espontânea é uma delícia, pois ela encara tudo com leveza! Ela faz comentários engraçados e divertidos; porém, às vezes se enraivece e explode, embora todos saibam que a crise logo passa. O fato de ela liberar seu lado mais emocional, mais enraivecido, não quer dizer que seja violenta. Não! Ela sabe lidar com isso de um jeito mais espontâneo que agressivo. E ela pode estar certa em muitas situações!

Nos relacionamentos afetivos entre irmãos, as crianças internas se fazem presentes o tempo todo. Aliás, são essas crianças, na maioria das vezes, que estão se relacionando. São comuns as brigas por bobagens, discussões que são simplesmente uma competição para ver quem ganha e quem perde e muitos comportamentos que são típicos de criança. Todos podem perceber sua criança interior espontânea na vida diária e os problemas que ela pode trazer quando não é reconhecida.

A violência e a agressividade que muitas vezes vemos não vêm de uma criança espontânea e sim da opressão, da insatisfação e principalmente da violência da própria vida. Violência e agressividade não têm nada a ver com a criança espontânea saudável, mas sim com a criança ferida, ressentida, magoada, emocionalmente doente e que precisa de ajuda.

A Criança Interior Ferida

Sabemos muito bem que problemas de infância não resolvidos nos afetam diretamente quando adultos. Se a dor de um trauma infantil é muito grande, podemos até esquecer que ele existiu. Entretanto, isso não impede que ele se manifeste de diferentes maneiras, como vícios compulsivos, doenças crônicas, depressão e problemas de relacionamento em geral. O trabalho de cura da Criança Interior, seja por meio de um processo terapêutico, seja em grupos de auto-ajuda, muitas vezes é necessário para que a dor acumulada seja finalmente liberada e o equilíbrio psicológico seja restabelecido. Existimos em vários níveis de consciência, com seus registros e vibrações, e a nossa Criança Interior certamente tem muitas histórias a nos revelar, na expectativa de que nos transformemos num bom pai ou numa boa mãe para ela.

"A infância passa rápido, mas a criança fica em nós."

(Catálogo de Cartões e Brindes 2002 — Ação Comunitária do Brasil)

A Criança Interior ferida é parte integrante do nosso corpo emocional. É por intermédio dela que manifestamos nossas idiossincrasias e nossas particularidades. O Eu Básico é o administrador do nosso corpo e a Criança Interior se expressa emocional e afetivamente por meio dele. Nos trabalhos terapêuticos, é comum a Criança Interior ser a primeira a aparecer e a se expressar. É comum ela querer chamar a atenção para si mesma, e isso pode servir como proteção ao adulto, pois o contato mais profundo com seus sentimentos poderia ser muito mais doloroso para ele.

A criança e o adulto dentro de nós estão conectados por uma ponte de consciência a um mesmo centro de Amor e Vida. Enquanto somos crianças, só conhecemos esse centro e agimos a partir dele com espontaneidade e entusiasmo, certos de que a ponte vai estar sempre ali para nos conectar com os adultos e com a vida em geral. Num certo sentido, não temos outra escolha ou, melhor dizendo, não sabemos ainda que temos outras opções. Quando os adultos se comunicam amorosamente com a criança, de modo presente, inteiro e positivo, um fluxo natural de energia flui entre ambas as partes. Quando o adulto decide interromper esse fluxo, ele sabe que isso está acontecendo e sabe como agir. Uma criança, entretanto, não sabe; ela confia e espera que a ponte esteja sempre ali. Quando essa ponte rui de modo abrupto e o adulto se separa externa e internamente da criança, a criança vive uma experiência de rejeição e de abandono, e a sua integridade é ferida.

Se os adultos fazem isso sistematicamente, sem nenhuma preocupação em desfazer essas *separações* que são, até certo ponto, inevitáveis, criam graves feridas em nossa criança interior, que se refletirão mais tarde em nossa vida. Quanto mais pontes são rompidas, sem o cuidado amoroso de restaurá-las e de observar com atenção o que está acontecendo, mais aprofundamos a ferida emocional da nossa Criança Interior.

É por essa razão que estamos incluindo na dimensão do Eu Básico a parceria com a Criança Interior. Estamos propondo que ela seja reconhecida pela idade que tem (os adultos "congelam" a expressão de sua criança interior em diferentes idades, que variam entre 0 e 7 anos), que receba um nome e que volte a ter um espaço na nossa consciência.

Tudo aquilo que não foi feito para que ela fosse um ser radiante e íntegro, nós nos comprometeremos a fazer e também a atender às suas necessidades. Aquilo que não nos foi dado pelos nossos pais e mães biológicos, para o nosso pleno desenvolvimento, nós vamos reconhecer e descobrir maneiras de restabelecer as pontes que ruíram, a partir de agora, nesse processo da Parceria Interior.

É claro que para isso é preciso uma certa maturidade psicológica e, principalmente, de uma fé inabalável na existência da Alma. Essa mesma Alma que nos deixa inquietos e indaga por que tantas pessoas bem-sucedidas, em certas áreas da vida, sentem um tédio e um vazio profundos e vivem alienadas de si próprias.

Um exemplo que pode ilustrar essa experiência é o de Noêmia. Ela era uma criança linda, sensível e extrovertida, com muitos talentos artísticos. Sua mãe era uma dona de casa com cinco filhos e o pai, um dentista muito bem-sucedido. Quando tinha por volta de 10 anos, Noêmia, que era muito protegida pela sua mãe e pelas irmãs mais velhas, viveu uma profunda experiência que a marcou pela vida toda. Seus pais se separaram, mas não lhe disseram o motivo; como nessa época não se falava muito dessas coisas com as crianças, deixaram-na distante da situação que ocorria na casa. Noêmia e seu irmão mais novo foram aparentemente preservados do problema. Sua mãe, uma mulher sensível, entrou em profunda depressão e suas irmãs, que já trabalhavam, uma delas já casada, não tinham condições de atender aos dois irmãos mais novos. Decidiram, sem conversar com Noêmia, que ela seria internada em um colégio de freiras numa outra cidade. Ela foi levada para o colégio, um dos melhores da região, e ali foi deixada, sem nenhum comentário. Aos 10 anos de idade, Noêmia sentia-se como se estivesse alienada da realidade. Nunca se adaptou à situação. Com o passar dos dias, foi se retraindo, mas, como era uma menina cordata, obedecia ao ritmo do colégio e às freiras, sendo considerada uma ótima aluna. Suas irmãs só foram visitá-la seis meses depois da sua partida de casa. Ela não compreendia o que realmente havia acontecido e nem a razão de a deixarem tão longe, por tanto tempo. A ferida do abandono foi tornando-se cada vez mais profunda e deu início a um estado depressivo latente. É bem verdade que ela foi bem educada, aprendeu muitas atividades artísticas e manuais, que depois desenvolveu a ponto de tornar-se uma artista maravilhosa. Ela se casou, teve cinco filhos, foi boa mãe. Trabalhou com grupos, foi professora de Yoga, de pintura, tornou-se uma mulher dinâmica, admirada e reconhecida por tudo o que fazia nos mais diferentes grupos. Noêmia ficou viúva ainda cedo e deu continuidade à educação dos filhos. Num determinado momento, decidiu mudar de cidade e deixar os filhos que já estavam bem encaminhados. Tornou-se reconhecida profissionalmente, amada pela família e pelo grande número de amigos que fez nos anos em que viveu nessa outra cidade. Um dia, uma amiga convidou-a para fazer um afresco na capela de sua fazenda. Ela foi muito feliz com essa nova etapa de sua vida. O que ela não esperava é que, ao deixar o convívio com todos as familiares e amigos queridos, ela fosse se deparar novamente com a ferida aberta em seu peito. O sentimento de abandono tomou conta dela e ela entrou em profunda depressão. Como era uma mulher forte, lutou bravamente contra a depressão, mas antes foi preciso tratar essa ferida para, depois de um tempo, retornar à sua cidade natal e ao convívio dos filhos e dos netos. Ela procurou terapeutas que a ajudaram a se liberar do sofrimento que ela acabou se auto-infligindo, como um decreto inevitável de sua criança interior, ferida.

Não foram poucas as pessoas que, ao longo da história da humanidade, tiveram de aprender, quando crianças, a esconder de modo habilidoso e estratégico seus próprios sentimentos, necessidades e memórias para ganhar a atenção e o amor dos adultos. Quando somos motivados a vencer na vida, impulsionados por um sentimento inconsciente de que valemos muito pouco aos olhos do mundo, provavelmente não estamos permitindo a expressão de nossos verdadeiros sentimentos.

Desse modo, não nos foi permitido **ser** a criança em seu tempo e lugar. A repressão dessa experiência pode nos levar a comportamentos depressivos e à compulsão em muitas de nossas ações, no dia-a-dia de nossa vida de adultos.

Portanto, se existe a experiência da repressão, a Criança Interior luminosa dá lugar à criança sombria e ferida. E é por meio das suas lentes distorcidas que iremos olhar a realidade.

A descoberta da Criança Interior pode ser a cura para muitas questões psicológicas, pois somente depois de reconhecê-la como parte do nosso ser total é que podemos dizer que estamos em contato com a nossa verdadeira identidade. Quando falamos de nós mesmos sem levar em conta a Criança Interior, estamos deixando de lado uma boa parte do nosso Ser.

Muitas situações nos mostram que nem sempre reconhecemos quando a criança interior está criando distorções na maneira como vemos as coisas. Um exemplo disso é o comportamento das pessoas no trânsito. É comum vermos muitas delas alteradas, principalmente homens, a ponto de ficarem quase irreconhecíveis.

Flávio é um pacato pai de família. Amoroso e atencioso, ele adora ficar com os filhos. Mas, ao dirigir, torna-se irreconhecível. Ele fica extremamente competitivo, não admite que ninguém esteja à sua frente, fala do motorista do carro ao lado ou do que está na frente, como se eles o estivessem provocando, mesmo que o motorista em questão nem esteja percebendo. Sua atitude faz com que ele pareça assustador. Porém, com um olhar mais preciso, é possível saber que esse comportamento está engendrado no menino que ele traz dentro de si, aquele que é um bom jogador de peladas e de futebol society; certamente, um menino competitivo e cheio de energia que vê as ruas da cidade como se fosse um campo de futebol, repleto de adversários, os quais ele tem de driblar. Por um lado, esse comportamento é tão absurdo e bizarro que as pessoas que convivem com ele não percebem que uma criança forte e corajosa, que não se amedronta diante das batalhas da vida, está pedindo para se expressar por intermédio desse pai de família. O corpo e a mente são os de um homem, mas nem ele mesmo percebe que suas atitudes emocionais, que determinam o seu comportamento, são de uma criança. Não é fácil compreender isso, principalmente para quem está no mesmo carro que Flávio. A maneira arriscada como "dribla" os outros carros dão a impressão de que ele está perseguindo uma bola invisível. Fazer o gol é chegar ao destino o mais rápido possível. Depois de tudo isso, Flávio costuma descer do carro se sentindo um herói e, minutos depois, nada daquilo parece ter acontecido com ele. Sob os protestos de toda a família, que já não mais suportava esse tipo de comportamento no trânsito, Flávio foi intimado a mudar seu comportamento e a procurar uma solução. Ao perceber o impulso inconsciente que recebia de sua criança interior, competitiva e corajosa, mas em contínuas batalhas com o trânsito, ele decidiu deixar de ficar inconsciente dessa realidade e reconhecer que o trânsito não é um campo de futebol. Ao reconhecer a existência de sua Criança Interior, ele transformou o que o levava a ficar nervoso no trânsito e passou a apreciar o que acontecia ao seu redor, em vez de entrar em luta constante com seus adversários.

Na prática da Parceria Interior, precisamos completar aquela parte que ficou faltando na experiência da criança. É como se os nossos pais biológicos tivessem deixado um espaço em branco ou um vazio que nunca foi preenchido com o carinho ou com o cuidado que poderiam ter mudado a situação. A criança interior ferida ficou presa ali e, com ela, o padrão emocional que passou a condicionar todas as respostas relacionadas a um determinado contexto e situação da vida. Sempre que a mesma situação ou contexto se apresenta, a criança ferida nos põe numa espécie de *transe emocional* e temos uma reação inconsciente e automática. É por isso que a Criança Interior é parte integral do Eu Básico, ou seja, ela *habita* na dimensão subconsciente do nosso ser, onde estão os arquivos de memória.

O leitor pode estar se perguntando: "Onde está a minha criança faceira, cantora, comunicativa, expansiva, espontânea, brincalhona, alegre e muito feliz? Como fazer para encontrá-la dentro de mim, escondida atrás de alguma porta, na minha imaginação, e trazê-la até aqui para que fique comigo pelo resto dos meus dias?" Essa é uma tarefa que podemos realizar quando estamos diante dos desafios da criança ferida, que nada mais é que a Criança Interior e eterna.

É importante considerar a questão da memória e da imprecisão emocional, quando lembramos de alguma coisa ocorrida nos primeiros anos de nossa vida. Muitas lembranças emocionais fortes datam dos primeiros anos de vida na relação entre a criança e aqueles que cuidam dela. Isso se aplica, sobretudo, aos acontecimentos traumáticos, como surras ou abandono. Nesse período de vida da criança, o pensamento racional e a capacidade de verbalizar ou reter algo na memória, como um registro intelectual, ainda não se desenvolveram. Portanto, todos nós devemos ter registros emocionais num estágio bruto, sem palavras, sem intelectualizações ou explicações racionalizadas.

Dependendo da intensidade dessas experiências, elas formam uma espécie de "caráter emocional" que fica registrado no corpo da criança como "memória corporal" e na dimensão da Alma como "memória espiritual" — conteúdos que o Eu Básico guarda com todo o cuidado de um guardião. Se nenhuma forma de resgate ou reconhecimento acontece conscientemente na vida adulta, essas experiências ou dificuldades se manifestam como comportamentos ou compulsões que nos levam a entrar em contato com o trauma e encará-lo. O corpo da criança guardou em suas células a memória do impacto da experiência; a Alma reteve o significado verdadeiro da experiência, sem julgamentos e sem dualidades; o Eu Básico guardou a totalidade do ocorrido, sem nenhum tipo de discernimento quanto ao seu valor e significado.

É por essa razão que, ao nos tornarmos adultos, nós sentimos necessidade de ir ao encontro da Criança Interior para resgatá-la de qualquer que tenha sido a sua experiência traumática; desta vez, daremos nome à experiência e usaremos as palavras certas, fazendo com que a história seja concluída, com a participação de todos os níveis do Ser — o Eu Básico, o Eu Consciente, a Alma e o Anjo. Em um certo sentido, é a Criança Interior que faz a união de todas as partes dissociadas da personalidade, tornando-a inteira, integral, em todos os níveis do Ser.

Compete, portanto, a cada um de nós, fazer esse resgate. Com a ajuda de um terapeuta, de um conselheiro ou de um mentor espiritual, podemos perceber o padrão e reviver a experiência, mas só nós mesmos poderemos tomar a decisão de ir até onde está a criança ferida, traumatizada, magoada, assustada, e convidá-la a sair definitivamente dali.

Acessar esses arquivos primordiais da memória e traduzi-los em palavras, conectando-o com a realidade da nossa vida adulta, é muito importante para a saúde do Ser como um todo. Se isso não acontece, a emoção se apodera de nós e, por não termos uma estrutura de pensamentos articulados, a reação emocional bruta emerge, sem que tenhamos controle ou participemos conscientemente dela.

Um dos motivos pelos quais ficamos tão aturdidos com nossas explosões emocionais é o fato de que elas muitas vezes estão ligadas à nossa primeira infância, quando tudo era confuso e ainda não tínhamos palavras para compreender os fatos. Os sentimentos podem ser caóticos, mas as palavras que designam as experiências que os causaram existem e podem ser articuladas.

Quando passamos a perceber a Criança Interior ferida em nós, nós nos surpreendemos muito com quem nós somos. Às vezes, nós nos tornamos tirânicos em alguns momentos e, como não conhecemos a nossa criança interior, não nos damos conta da violência e da forma arrasadora com que atacamos os outros. Ficamos cegos em relação a nós mesmos. Essa Criança

Interior quando se torna tirânica, passa a ser um elemento terrível na relação social, pois ela se acredita certa, inteligente e apta a enfrentar os inimigos. Ela se exibe como se fosse um gladiador numa arena. Quando, depois, depara com os estragos, volta a ser a "menininha" ou "menininho", acreditando que todos ficaram injustamente contra ela, pois ela fez o que fez para se defender. Ela não se dá conta da violência de suas atitudes e fica magoada, sentindo-se rejeitada e abandonada. Esses "outros" estão, simplesmente, reagindo à sua tirania e também estão magoados. Nos relacionamentos entre casais, ou mesmo entre chefes e colaboradores, encontramos esse tipo de criança tirânica, que, no fundo, é só uma criança ferida reagindo à sua própria dor, ao seu próprio abandono. Ela, definitivamente, precisa de ajuda para se curar.

Em outras ocasiões, podemos ficar paralisados em decorrência da atitude da nossa Criança Interior ferida, que se cala, se esconde, tem medo e acredita que, se não se esconder ou não esconder seus sentimentos, o mundo não vai gostar dela. Às vezes, ela nem percebe que se tornou manipuladora e que está provocando o que mais teme: o abandono.

Em geral, o medo é um dos sintomas mais graves da criança ferida, que acaba desenvolvendo fobias. Há também a criança ferida que se torna contrafóbica em relação ao mundo; ela reage defendendo-se do medo e, nesse caso, a defesa é sua segurança. Ela diz: "Agora vocês vão ver. Não preciso de ninguém!" Mas a verdade é que ela precisa muito da atenção dos adultos.

É normal que as nossas experiências de amor e de amizade, quando intensas e verdadeiras, acionem em nós os aspectos mais profundos da nossa história pessoal. Quando atingimos níveis profundos de proximidade, convivência e intimidade com alguém, o acesso a certos arquivos de memória ligados ao afeto, à confiança e à entrega vem mais facilmente à tona, para que sejam reconhecidos por meio das reações emocionais que manifestamos. Sempre que estivermos diante de experiências de perda ou ganho, de inclusão ou exclusão e de compartilhamento com o ser amado, com os outros e com a vida, esses registros emocionais podem vir à tona, à nossa revelia.

Muitas vezes, é a Criança Interior ferida que traz do seu âmago uma experiência que precisa ser vista e resgatada. Apesar de nosso coração já ter visto, experimentado e compreendido muita coisa, há momentos em que ele precisa se curvar e se abrir ainda mais para esse pedido que vem das profundezas da consciência. É esse mesmo coração que, avassalado pela emoção sem palavras, se vê diante da necessidade de tornar transparente, além do intelecto e do controle racional, a verdade que só o Amor pode revelar e aceitar plenamente.

Para o Eu Básico, a nossa Criança Interior é aquele ser que permanece eternamente vivo dentro de nós, com as vibrações sensoriais e emocionais de quando tínhamos entre 0 e 7 anos (essas são idades aproximadas, podendo se estender até os 10 ou 11 anos), antes que um eu definido e separado assumisse o comando de nossa percepção do mundo. Essa criança anseia pelo nosso amor e aceitação. São dela todos os nossos medos e inadequações, a nossa vergonha e culpa, a necessidade de aprovação, o respeito pela autoridade, o nosso sentimento de incompetência, assim como a nossa espontaneidade e o nosso sentido de encantamento e alegria de viver.

Como o Eu Básico mantém e guarda as nossas crenças da infância, as mensagens que recebemos dos adultos e os nossos — bons ou maus — *enredos*, ele se apega a eles de um modo tenaz, a menos que venhamos a dar-lhe novas instruções. Se a Criança Interior ouviu frases como: "Você não é bom em matemática", "Nunca confie em estranhos", "Você precisa sempre vencer", "Você não sabe de nada", "A vida é só luta e sofrimento" ou qualquer afirmação categórica e repetida muitas vezes, é provável que o Eu Básico ainda cultive essas crenças e a Criança Interior ainda se empenhe para confirmar essas mensagens obsoletas.

A Criança Interior de Vitória trazia, dos seus arquivos brutos, emoções de medo do ridículo, da crítica, da rejeição e da humilhação; insegurança, vergonha, depressão e, principalmente, ciúmes. Dessas emoções Vitória podia se lembrar bem, e também de um sentimento muito claro de que algo traumático havia acontecido com ela por volta dos 2 ou 3 anos de idade, que mudara completamente sua personalidade. De uma criança com um potencial para a extroversão e a comunicabilidade, ela passou a ser introvertida, tímida e contemplativa. Por alguma razão, Vitória envergonhou-se de ser quem ela poderia vir a ser.

Embora o seu temperamento e escolha não a levassem a lembrar com imagens ou com uma experiência regressiva o fato ocorrido, as emoções traziam uma certeza interior de que algum limite traumático lhe havia sido imposto pelo mundo dos adultos, que ela só conseguia traduzir por meio de frase como: "Agora não pode". "Saia daqui, não quero você." "Pare de fazer isso (cantar, ou traquinar, ou fazer birra, ou chorar, ou pedir atenção, aconchego, carinho...) porque seu pai vai brigar/vai chegar", ou mesmo no riso crítico de um adulto que parecia estar recriminando-a pelos seus gestos espontâneos.

Vitória intuía que essas frases eram ditas pela mãe, que temia que o pai chegasse em casa alcoolizado e alterado, o que muitas vezes acontecia.

Vitória foi aos poucos desenvolvendo uma ferida narcísica, ou seja, ela começou a sofrer por não poder ser o centro das atenções. Havia também o fato de que o irmão, o primeiro varão da família, acabara de nascer. O contínuo limite imposto à sua extroversão (independentemente da maneira como ela se expressasse), juntamente com o medo do sentimento que a mãe, inconscientemente, irradiava ao ver o pai alcoolizado, gerava um sentimento de frustração e uma tensão que a levou a se assustar com facilidade e, mais tarde, a levar as coisas a sério demais. Riso, humor, diversão, brincadeira ou qualquer expressão que a sua criança potencialmente trazia consigo, foram gradualmente extirpados da sua maneira de ser e se introjetaram a partir dos 2 ou 3 anos de idade. Vitória se transformou numa criança independente, contemplativa e introvertida, e passou a ter medo ou vergonha de expressar o que sentia. Seu intelecto desenvolveu-se e passou a evitar situações ou expressões emotivas. Aos 4 anos, o seu sentido de eu já estava completamente encarnado, pois ela já tinha lembranças de fatos acontecidos a partir dessa época.

Quando depois de adulta, buscou a ajuda de um terapeuta, Vitória estava vivendo uma experiência que muito a entristecia, mas que também a motivava a encontrar uma solução definitiva. Embora, intelectualmente, pudesse compreender o porquê de seu comportamento possessivo e limitante, não conseguia transformá-lo. Sempre que precisava compartilhar as pessoas queridas com alguém ou com situações da vida, via-se diante de emoções que ela não conseguia controlar racionalmente. Como normalmente optava por escondê-las ou reprimi-las, por medo de não ser aceita ou de prejudicar sua imagem de pessoa madura, ela se isolava e se entristecia, sempre que esse padrão emocional vinha à tona.

Quando isso acontecia era como se a criança dela estivesse ali, pronta para fazer uma graça ou uma brincadeira, mas com medo e vergonha de ser rechaçada. É bem provável que Vitória tenha sido uma criança muito absorvente e exigisse muito a atenção dos adultos, além de ser muito bonita. Os adultos, por sua vez, não souberam lidar de modo consciente e amoroso com Vitória, assim como ainda acontece, nos dias de hoje, quando descartamos ou desconsideramos o que as crianças dizem e fazem, como se elas não pudessem interagir conosco de modo inteligente.

Nos últimos tempos, a proximidade e o amor profundo que sentia por Rodolfo, numa relação de verdadeira entrega e confiança, fizeram com que esses arquivos brutos viessem à tona, dessa vez com mais clareza, junto com um forte pedido para que, finalmente, os reconhecesse e transformasse definitivamente as suas reações emocionalizadas. Vitória decidiu não mais fugir do sentimento de ciúme que sentia.

A sua primeira atitude foi, num diálogo profundo com Rodolfo, tomar a decisão de se abrir e tentar se libertar do estado de tensão e apreensão que a deixava acuada em sua própria consciência, sem espontaneidade, sem deleite, afastada, isolada e com medo de ser quem realmente era. O reconhecimento claro e definitivo do padrão emocional era o primeiro passo para a cura.

Em seguida, ela se deu conta de que a própria revelação e aceitação de si mesma, **exatamente como era naquele aqui-agora**, já era um passo importantíssimo para a cura. A máscara que vinha usando, sempre que o desafio se mostrava, podia ser retirada para revelar a sua verdadeira face, aquela que não podia deixar de incluir a sua criança ferida. Vitória pôde ver que o padrão estava em si mesma e se projetava para fora sob o comando de sua Criança Interior e ferida, que nada podia fazer quando a emoção não reconhecida invadia a sua consciência.

Finalmente, o acolhimento e a aceitação incondicional de sua Criança Interior ferida, juntamente com as suas emoções em estado bruto, liberaram-na para dar prosseguimento a um processo que foi ficando cada vez mais claro. Vitória começou a cuidar da sua Criança Interior. Sempre que, na sua relação com Rodolfo, o padrão emocional surgia, ela lhe assegurava que essa emoção agora tinha nome e podia ser transformada. Para apoiar Vitória nesse processo, sua terapeuta sugeriu que ela usasse essências florais, que a ajudariam na transmutação do trauma primário.

Vejamos um outro exemplo prático, dessa vez com um menino de 5 anos de idade cujo pai autorizou-o a fazer uma atividade de adulto: cortar a grama com uma máquina. O menino, com a intenção de "dar o melhor de si" para agradar e impressionar o pai, acaba fazendo algo que não devia (destrói uma piscina de plástico que estava secando ao sol, por ignorar certos detalhes do funcionamento do cortador). O pai enfurecido o põe de castigo. A partir de então, ele entrou numa espécie de transe emocional que passou a fazer parte de sua vida adulta e a se manifestar da seguinte maneira:

Toda vez que ele ficava diante da experiência de "fazer ou dar o melhor de si", surgia o medo do fracasso. Por isso, ele nunca se permitia manifestar o melhor de si, por medo de ser punido com o fracasso. Já adulto, esse indivíduo enfrentou dificuldades tremendas para concluir experiências de aprendizagem e para aceitar o direito de se sair bem na vida. Ele sempre se atrasava para uma entrevista importante ou encontrava motivos para não concluir os estudos ou aprofundar um romance. Quando tudo parecia ir bem, diante de uma nova possibilidade de crescer profissionalmente ou de assumir um compromisso maior num relacionamento, ele dava um jeito de fugir, como faria a sua Criança Interior, para não sentir a dor de fracassar mais uma vez. Ele se especializou em sabotar os próprios sonhos de sucesso.

A cura se processou quando ele foi capaz de reviver, em sua imaginação, a experiência e negociar com a sua Criança Interior ferida uma alternativa nova e libertadora.

Nesse caso, o adulto pôde reviver a experiência porque se lembrava do episódio que causou o trauma em sua Criança Interior; no caso de Vitória, o processo era mais regressivo e se encontrava ainda nos planos brutos da memória.

Exercícios para a Criança Interior

Com o exercício da Parceria Interior, o Eu Consciente, em conexão com a Alma e com o Eu Básico, assume a maternidade e paternidade dessa criança e revive a situação na imaginação, para resgatar a Criança Interior ferida que ficou aprisionada.

Eis três exemplos de exercícios simples que você pode fazer para entrar em contato com a sua criança interior. Depois de entrar verdadeiramente em contato com ela e lhe dar um nome (pode ser o diminutivo do seu próprio nome, um apelido carinhoso da infância ou um nome inteiramente novo e desconhecido para você), será muito mais fácil perceber a sua própria criança e a das outras pessoas em sua vida.

1. Peça à sua criança interior para escrever uma carta para você (o adulto) dizendo-lhe o que ela mais precisa. Para facilitar o contato, escreva a carta com a mão não-dominante, para aumentar a sintonia com a criança que ainda não sabe escrever bem. Responda à carta com a mão dominante, prometendo dar à sua criança interior aquilo que ela está pedido.

2. Coloque-se numa posição relaxada e confortável, feche os olhos e imagine-se a si mesmo no corpo e na emoção da sua Criança Interior. Provavelmente, você vai sentir que está voltando para uma situação do passado ou lembrando de algo da infância. Vá até a sua criança, veja onde ela está e pergunte-lhe do que ela precisa nesse momento. Com o poder da imaginação, dê a ela o que foi pedido, independentemente do que for: um abraço, uma carícia, atenção, compreensão, segurança, orientação, alguém para brincar, etc. Fique alguns instantes em contato com a presença e a vibração de sua Criança Interior.

3. Sempre que você se sentir estressado ou descontente, faça uma pausa, respire profundamente e procure pela sua Criança Interior. Onde ela pode estar nesse momento? Chame-a para perto de si e seja um pai ou uma mãe afetuosa e presente em todos esses momentos de contato. Observe como o seu humor e seu estado de espírito em geral mudam.

No entanto, é de vital importância que você entre verdadeiramente em contato com a sua criança interior e que a imagem interna que tem dela esteja diretamente conectada ao seu centro, no coração.

CAPÍTULO V

A ALMA — O EU SUPERIOR

O Ser Divino — Nossa Verdadeira Realidade

Quando percebemos que existe algo dentro de nós que nos leva a indagar quem somos como indivíduos e qual o nosso papel na experiência humana e universal, podemos dizer que a nossa Alma está se fazendo presente em nosso campo de consciência. Ela nos faz perceber que não estamos limitados ao espaço e ao lugar que ocupamos, nem ao nosso corpo físico e nem mesmo à vida que vivemos dentro desse corpo.

Quando a consciência da Alma começa a se expressar plenamente por meio de nós, nossa vida se transforma completamente. Geralmente, o começo da nossa parceria consciente com ela se dá quando não queremos mais viver circunscritos a padrões que limitam a nossa criatividade e embotam a nossa essência, ou tolhidos pelas exigências do *status quo* ou por qualquer experiência que nos impeça de seguir a visão e o propósito da nossa Alma, seja ele qual for.

Se estamos num trabalho que tolhe a nossa criatividade impondo limites e restrições à expressão mais amorosa e sábia do nosso ser, começaremos a criar, com o apoio da Alma, desde as situações mais dolorosas até as mais libertadoras, para que finalmente enxerguemos a direção que ela está nos apontando. Se seguirmos a sua orientação, o resultado é sempre uma sensação de *leveza no coração* e um *sentimento de liberdade* indescritíveis, pois a energia vibrante e amorosa da Alma sempre nos impulsiona na direção que revela o nosso verdadeiro propósito aqui na Terra, sem máscaras ou enganos.

Nesses tempos de intensa transformação planetária, a Alma é, para a humanidade inteira, o mais importante centro de consciência, aquele que define a nossa individualidade e singularidade no Ser de Deus. Ela é o nosso Eu Divino, no qual existimos e temos o nosso Ser. Ela é o Ser Radiante que brilha através do nosso corpo de matéria densa e ilumina todo o campo da nossa consciência.

Fazendo a Diferença

A Alma em nosso coração anseia por fazer a diferença, aquela que nos revela como seres poderosos, mas de um poder que capacita, compartilha, e permite a cada um trazer para a manifestação o seu verdadeiro potencial amoroso, no exercício de glorificar e agradecer a Deus. A luz da Alma no nosso coração e na nossa mente é como uma poderosa chama, capaz de iluminar e transformar o mundo inteiro.

Sabemos que a transformação global começa no nível individual, quando damos permissão consciente para que a Alma e o Anjo nos mostrem o que queremos ser de verdade e que tipo de mundo e realidade estamos querendo criar a partir dos nossos potenciais humano e divino. A oportunidade para praticar isso se apresenta em nossas interações diárias, sempre que optamos por nos sintonizar com os nossos valores mais elevados e ser mais seletivos em relação aos nossos pensamentos, às emoções e às ações. Enfim, quando observamos a qualidade de nossas interações com a vida e os gestos que podem gerar equilíbrio e harmonia à nossa volta.

Quando escolhemos viver a partir dessas possibilidades e percepções, algo maravilhoso e extraordinário acontece; cada momento se desdobra de modo gracioso e poderoso, pleno de significado, com uma força natural, orgânica, capaz de transformar tudo que precisa ser transformado.

A energia vibrante da Alma em nós não pode ser detida, nem controlada pelos esforços humanos; ela vive, vibra e nos dá o poder de sermos únicos. Quando nos dispomos a escutar sua voz, ela nos diz como partilhar da sua sabedoria, nos conta como ir além do que imaginamos ser e nos orienta na jornada de transformação que um dia nos levará a ser como ela.

Uma Alma que brilha em todo o seu potencial ao mesmo tempo divino e humano pode fazer com que tudo à sua volta também brilhe numa só luz. Ela nos torna capazes de engendrar um mundo melhor para todos, no qual possamos encarnar a paz, a cura, a autenticidade, ser alguém que sabe honrar a presença de todos os seres, que sabe louvar e agradecer e, finalmente, alguém que sabe amar ao próximo como a si mesmo. O desenvolvimento de uma cultura da Alma certamente é uma necessidade vital para todos que vivem na Terra neste momento.

Há quem diga que, se apenas uma pequena parte de toda a humanidade conseguisse ser *plenamente* a expressão viva da própria Alma, manifestando no mundo suas qualidades e realidades, criaríamos uma comunidade de indivíduos fortalecidos e vivificados pela energia abundante do Espírito de Deus em nós. A realidade criada por essas pessoas vivendo a vida da Alma, com os seus valores e qualidades essenciais, faria uma grande diferença para todo o resto da humanidade, ainda adormecida por interesses e comportamentos que não beneficiam a todos. Algo de extraordinário e maravilhoso já se tornaria visível para todo o mundo.

As Qualidades da Experiência com a Alma

Para fazermos uma parceria consciente com a Alma, e assim ajudarmos a criar uma cultura que seja uma expressão viva de suas qualidades, certamente precisaremos aprender a reconhecê-las e saber como elas se apresentam ou se expressam na nossa vida.

As experiências que emergem da Alma, de início, assumem para nós a qualidade do que é inefável; ou seja, nem sempre conseguimos reproduzir com palavras o que experimentamos. Sabemos que é verdadeiro o que sentimos, mas esse sentimento desafia as palavras que, muitas vezes, não conseguem descrever a realidade do que vivenciamos, pois essa realidade está mais no âmbito da sabedoria do que no do conhecimento. Daí uma necessidade de silenciar para compreender melhor; silenciar para permitir que essa experiência indizível encontre as palavras que mais se aproximam dessa realidade. Uma das razões por que a meditação é hoje uma experiência amplamente difundida no mundo inteiro é o fato de que a presença da Alma começa a ser sentida nas consciências individuais da humanidade. O silêncio mental, que a meditação pode facilitar, é parte essencial de um verdadeiro encontro com nosso Eu divino.

Uma outra qualidade da parceria com a Alma é a comunicação abstrata, que traz consigo o *insight* e uma revelação de grande profundidade e significado. Quando algo nos é revelado, sabemos intuitivamente que aquilo é verdadeiro, pois tem uma qualidade impossível de ser rechaçada, como se viesse com uma autoridade interior que não suscita questionamentos ou dúvidas. Sabemos instantaneamente que aquilo é verdadeiro para nós. Não é algo racional e também não é irracional; sabemos que entramos em contato direto com uma revelação da nossa natureza essencial e a do mundo em que vivemos.

Na parceria com a Alma, também ficamos conscientes da qualidade do que é transitório e impermanente. Ela nos diz que precisamos aceitar o fato de que essas experiências *inefáveis* e abstratas de unidade e de iluminação não duram para sempre. O Eu Consciente precisa aprender a se desapegar delas e saber como *viver no mundo sem ser do mundo*.

Essa percepção nos conduz para uma outra qualidade da Alma que é a de nos transformar em receptores e transmissores do seu poder divino; isso só se torna possível quando suspendemos temporariamente a necessidade que o nosso ego tem de estar no controle e ficamos inteiramente receptivos. Sentimos como se estivéssemos sendo abraçados e abrasados por um poder amoroso e onisciente, cuja presença suspende temporariamente a necessidade de nos afirmarmos como alguém separado e distinto de tudo isso.

Uma outra qualidade da Alma na nossa vida é o sentido de unidade criado dentro e fora de nós, em relação a tudo que percebemos ou que nos chega à consciência. Esse sentido de unidade nos leva a perceber como estamos eterna e infinitamente interligados, numa rede de vida e de experiências que pode ser sintetizada na expressão, "o que está unido na Terra, também está unido no Céu". Por causa dessa percepção unificada, tomamos consciência da importância da diversidade que ela contém, que não tem nenhuma relação com o que chamamos de uniformização ou perda de identidade.

A qualidade da transcendência também passa a fazer parte da nossa maneira de ver o mundo e a nós mesmos, *pois a percepção do tempo linear* é totalmente transformada. Sabemos que há muito mais além do tempo e do espaço, assim como estamos habituados a percebê-los. Essa relação com o transcendente pode nos colocar diante de um paradoxo, pois superamos a idéia do que seja o nosso corpo e, entretanto, sentimos o significado de estar num corpo. Numa cultura da Alma, a busca pelo transcendente torna-se inevitável e motiva muitas de nossas jornadas interiores.

Uma outra qualidade que a Alma faz surgir é aquilo que podemos chamar de reverência ou de admiração reverente e respeitosa por tudo que nos cerca. Com essa reverência, desenvolvemos o sentido do sagrado, ou seja, desenvolvemos um comportamento diante da vida que é a resposta intuitiva e não-racionalizada de quem se sente diante de presenças e de realidades inspiradoras e merecedoras do que temos de melhor.

Amor, alegria, paz, gratidão e a sensação de que se é abençoado de muitas maneiras são qualidades positivas que passam a encontrar meios autênticos e naturais de expressão por meio do nosso ser. Quando tomamos a decisão de viver a vida da Alma, é muito natural que passemos a sentir essas qualidades como realidades verdadeiras da nossa expressão humana. A positividade que vem desse nível de consciência está além da dualidade; não é uma resposta unilateral e limitada. O amor, a alegria e a paz que sentimos são o resultado de uma alquimia profunda, resultante da nossa decisão de sintetizar e aceitar a nossa falibilidade humana e, ao mesmo tempo, aceitar a nossa condição de seres divinos.

A indubitável precisão com a qual a Alma se manifesta em nossa consciência leva-nos a perceber que, embora as percepções por ela inspiradas sejam transitórias e impermanentes, jamais poderiam ser confundidas com experiências comuns, engendradas pelo ego. A nitidez do contato com a nossa Alma é simplesmente inconfundível.

A palavra *qualidade* e tudo o que diz respeito a elevar a condição vibratória de qualquer pessoa e situação estão diretamente ligados à vida da Alma; ela garante que vamos nos preocupar em atribuir "selos de qualidade" a tudo que realizarmos em nossa vida. Sua presença também está ligada à "qualidade de consciência" que imprimimos em tudo o que produzimos e co-criamos. A busca por qualidade, presente em muitos setores da vida humana neste momento, é uma resposta natural e orgânica às vibrações amorosas e radiantes da Alma. Isso começa a encontrar um campo de ressonância na nossa mente e no nosso coração e se expressa livremente sempre que damos a permissão consciente para que aconteça.

O Ser Radiante — Libertando o Esplendor Aprisionado

Existe um poema de Robert Browning, que Sara Marriott cita parcialmente em seu livro *Uma Jornada Interior*, no qual ele explicita uma percepção universal compartilhada por místicos, poetas e cientistas, em várias épocas da humanidade. Esse poema diz assim:

> A verdade está dentro de nós, ela não vem
> de fora, qualquer que seja a sua crença.
> Há um centro no fundo de todos nós
> No qual mora a verdade por inteiro; à sua volta
> Paredes de densa carne se erguem para confinar
> A mais perfeita e nítida percepção da Verdade.
> Uma trama carnal, frustrante e pervertida,
> Amarrando tudo em si produz o erro, mas saber
> Antes consiste em encontrar uma saída
> Para que o esplendor aprisionado se liberte
> Em vez de buscar uma entrada para a luz
> Que supomos estar do lado de fora.

A luz da Alma, o Ser Radiante que somos, deixa de ser o esplendor aprisionado quando abrimos a mente e o coração para criar um elo com os nossos parceiros internos, em cada instante da nossa vida. Podemos dizer, sem medo de errar, que viver a vida da Alma e libertar o esplendor de sua luz é a necessidade mais urgente para cada habitante deste planeta. A luz da Alma é a revelação mais importante para nós neste momento. Essa luz revela-se de muitas maneiras, pois a Alma está sempre a criá-la, ao mesmo tempo em que somos inspirados a permitir que ela flua através de nós e em nossas interações com o mundo que nos cerca. Embora a maioria de nós ainda não possa vê-la, é possível senti-la como a essência que nos guia e orienta, de dentro para fora, e nos ajuda a perceber outras luzes ainda mais brilhantes.

Na Bíblia, livro sagrado para o mundo judeu-cristão, existem textos que se referem à existência dessa luz, tanto na bíblia hebraica quanto no Novo Testamento. Existem dois corpos de luz que são parte integrante da vida da Alma: o **corpo vital ou etérico**, aquele que é feito das linhas de energia que passam pelo nosso corpo, assim como dos centros etéricos, ou chakras, que são vórtices ao longo da coluna, que recebem e distribuem a energia vital por todo o corpo humano — um sistema orgânico a serviço da experiência da Alma encarnada na Terra; e o **corpo espiritual**, sua morada no eterno, além do plano físico material.

No Eclesiastes 12:6-7 há uma referência à construção do corpo etérico: "...antes que se rompa o fio de prata, e se despedace o corpo de ouro, e se quebre o cântaro junto à fonte, e se desfaça a roda junto ao poço, o pó volte à terra, como o era, e o espírito volte a Deus, que o deu". Nessa passagem, o autor usou metáforas para representar o ser humano e os corpos, ou moradas sutis etéricas, que representam a experiência da Alma durante processos encarnatórios, e que o próprio ser humano ajuda a co-criar a partir de suas interações com o mundo, suas escolhas, seus contatos, enfim, tudo o que ele atrai magneticamente para si. Esse corpo etérico humano está cada vez mais desenvolvido na humanidade e tende a se expandir à medida que vamos despertando para níveis mais amplos e inclusivos da consciência; ele se desenvolve e é profundamente afetado pelos nossos padrões de hábitos, pela maneira como nos alimentamos (não só com alimentos puros e adequados para o corpo físico, mas também com o que escolhemos para nos nutrir emocional, mental e espiritualmente) e pela maneira como escolhemos interagir com o mundo que nos cerca. É certo que a poluição que criamos no mundo moderno afeta seriamente esse nosso corpo etérico, e grande parte das doenças humanas resulta do desconhecimento de leis sutis que regem a nossa vida aqui na Terra.

Já no Novo Testamento, II Coríntios 5:1, há uma menção à realidade de um corpo espiritual, mais sutil ainda, que é o veículo mais importante de expressão da Alma, aquele que não pode ser destruído e vive eternamente: "Sabemos, com efeito, que ao se desfazer a tenda que habitamos nesse mundo, recebemos uma casa preparada por Deus e não por mãos humanas, uma habitação eterna no Céu". Na metáfora usada pelo autor dessa passagem, o corpo etérico é comparado a uma tenda que se desfaz com a morte física, e o corpo espiritual da Alma é comparado a uma habitação eterna dada por Deus. A mão humana não participa da construção desse corpo espiritual, pois ele existe antes mesmo de a idéia do ser humano tomar forma. Podemos dizer que ele é o *esplendor aprisionado* ao qual o poeta Robert Browning, metaforicamente, se refere.

Esse esplendor aprisionado nos conduz, de revelação em revelação, à medida que vamos liberando as camadas de densidade de crenças e percepções criadas por um ego ou um Eu Consciente que se permitiu viver excessiva ou exclusivamente identificado com "as paredes de densa carne". A luz de nossa Alma permanece, em grande parte, desconhecida ou oculta até que possa se manifestar de diferentes maneiras, como revelações do conhecimento, do amor-sabedoria e da intuição.

A *luz do conhecimento* ilumina a mente superior e dissipa as ilusões que nos levam a todo tipo de engano e engodo perceptivo, criado pela mente concreta e racional. Quando a luz do conhecimento que se irradia da Alma nos alcança, vemos se dissolverem muitas crenças limitantes e ampliamos a nossa percepção para perceber as leis universais que regem a vida na forma.

A *luz do Amor-Sabedoria,* ao iluminar os espaços sombrios ou não esclarecidos de nossa consciência, abre de imediato o nosso coração e nos convida a fazer as experiências que ancoram o propósito e o serviço de nossa Alma aqui na Terra. Amor-sabedoria e conhecimento se combinam e, cada vez mais, revelam a presença da Alma em todos os assuntos humanos. Quando a combinação dessas luzes interiores se exterioriza, é muito natural que queiramos dar o melhor de nós mesmos para todos os seres sencientes que fazem parte da vida deste planeta.

Existe uma luz interior que é a síntese da união entre a luz do conhecimento (que ilumina a personalidade) e a luz do Amor-Sabedoria (que é a radiância da Alma), também chamada de *luz da intuição.* O poder sintético dessa luz nos leva a abarcar e compreender, instantaneamente, realidades sutis e supraconscientes que não são alcançadas e percebidas num estado ordinário de consciência, ou quando a nossa percepção consciente está num domínio meramente penta-sensorial. A Alma nos leva a conhecer cada uma dessas realidades e, gradativamente, a percebê-las apenas como uma *Única Luz,* na qual existimos e vibramos com o nosso ser. O esplendor da Alma finalmente se liberta e acontece aquilo que chamamos de iluminação espiritual, o êxtase que místicos e ocultistas conhecem por meio da experiência direta de saber que somos um com Deus. Todas as nossas células físicas são afetadas e transformadas pela presença dessa luz, que também está vibrando na matéria, como a energia que precisa se libertar e brilhar em nossa consciência.

A nossa relação consciente com o Eu Básico, em que lhe damos o apoio de uma mente positiva, criativa e atenta à sua função, pode ajudá-lo na correta *construção* do corpo de luz etérica. A nossa relação consciente com a Alma pode nos levar a participar da co-criação do corpo de luz do Espírito.

A essa altura já sabemos que, se nossa emoção é positiva e expansiva, ela vai colorir o nosso campo vibratório e atrair vibrações correspondentes. O parceiro Eu Básico sabe muito bem como administrar esses processos que acontecem além do nosso campo de consciência. O mesmo vale para cada pensamento positivo e criativo que irradiamos; apenas precisamos estar conscientes de que o pensamento é o instrumento mais importante do Eu Consciente. Quando nos tornamos mais sensíveis e atentos, podemos fazer leituras das vibrações que os pensamentos e as emoções irradiam à nossa volta. A nossa evolução plena incluirá a capacidade de ver a luz que se irradia de cada um de nós, como a nossa verdadeira cédula de identidade, ou nosso passaporte para dimensões mais amplas e amorosas do ser humano-divino que somos.

Os textos de psicologia esotérica escritos por Alice Bailey, que traduzem as transmissões de mestres da humanidade em níveis supraconscientes, afirmam que "... a atenção de um Mestre por um homem ou uma mulher é atraída pelo brilho de sua luz interior. Quando essa luz consegue alcançar uma certa intensidade, quando os corpos são compostos por matéria de uma certa qualidade, quando a aura atinge um tom determinado, quando a vibração alcança uma velocidade e medida específica e, quando a vida de um ser humano começa a "ressoar ocultamente" nos três mundos (som esse que é ouvido por meio da vida de serviço), um Mestre em particular começa a testá-lo pela aplicação de alguma vibração superior e pelo estudo de sua reação àquela vibração".[6]

Quando a luz da Alma se irradia através de nós, ela é sempre uma síntese do amor, da sabedoria e do propósito divino que nos impulsiona e motiva eternamente. Só assim começamos a ser vistos na glória e no esplendor para os quais fomos criados. O Ser Radiante que somos, portanto, atrai naturalmente os ensinamentos e as experiências que vão facilitar a liberação do esplendor luminoso que vive e se irradia por nosso intermédio.

---

6. *Cartas Sobre Meditação Ocultista*, Alice A. Bailey, Editora Pensamento, SP, 1984.

O Mestre Interior

Em épocas passadas, e também na atual, o buscador espiritual, ou o peregrino em sua jornada de volta à sua origem divina, buscava o ensinamento e as iniciações necessárias para sua iluminação na figura de um mestre encarnado. No Ocidente, os mentores espirituais foram homens e mulheres sábios que se doaram em serviço anônimo ou se santificaram, de muitas maneiras, pelos seus feitos e dedicação ao próximo. Os grandes mestres que são os exemplos mais importantes em cada uma das religiões do mundo são, para muitas pessoas, os instrutores eternos que inspiram e transformam suas vidas. Existem incontáveis relatos de indivíduos e de grupos que foram até o Oriente em busca do mestre ou do guru que pudesse orientá-los no caminho da libertação. Os séculos XIX e XX viram e registraram muitos desses relatos, principalmente em decorrência da evolução dos meios de comunicação, do acesso à informação impressa e da gradual diminuição do analfabetismo mundial. Encontrar a Alma, a parceira no íntimo de nosso coração, podia significar uma jornada a um país distante, a afiliação a uma religião ou a uma sociedade oculta, ou uma firme convicção religiosa num relacionamento pessoal com a vida e com o exemplo dos grandes mestres que encarnaram nas diferentes religiões do mundo.

Em qualquer dessas possibilidades, verdadeiras e necessárias para muitas pessoas, nem sempre esteve conscientizada a possibilidade de que o mestre que buscamos já estivesse dentro de nós mesmos. Os grandes mestres do mundo sempre se colocaram como os instrutores que nos levariam ao conhecimento e à revelação dessa verdade. Na Bíblia, há um versículo no qual o Cristo deixa isso bastante claro: "Busca o Reino de Deus e a Sua justiça dentro de ti mesmo e o resto te será dado por acréscimo". Buscar o reino de Deus dentro de si mesmo é buscar a verdade, a instrução, a sabedoria, o amor, a justiça divina, a paz ou qualquer outra qualidade que Deus deseja ver expressa por intermédio de sua criatura humano-divina. Nenhuma dessas realidades pode existir ou ser conhecida, vivida e experimentada se já não estiver dentro da Alma. A Alma, como o ser de Deus em cada um de nós, já contém tudo isso em si. Voltando à imagem oferecida pelo poeta:

... mas saber
Antes consiste em encontrar uma saída
Para que o esplendor aprisionado se liberte
Em vez de buscar uma entrada para a luz
Que supomos estar do lado de fora.

Mesmo sabendo que seres amorosos e sábios deixaram relatos afirmando que o mestre está dentro de nós mesmos, grande parte da humanidade ainda não compreendeu e vivenciou isso plenamente. É importante ressaltar que o fato de o mestre estar em nosso interior de modo algum elimina a necessidade de encontrarmos fora de nós todos os mestres e mestras que nos ajudem a perceber isso em nossa jornada de autoconhecimento. Quando reconhecemos e agradecemos a todos eles, por suas instruções precisas e vitais, resultado de uma parceria consciente com a nossa própria Alma, ficamos livres dos relacionamentos de dependência com um instrutor ou instrutora fora de nós. Passamos a não adiar mais o nosso processo de autoconhecimento, pois reconhecemos que, mesmo que a vida não nos traga um mestre ou mestra que possamos tocar e ver, os parceiros internos estão em nossa consciência. A Alma se encarrega de nos colocar em sintonia com a instrução de que precisamos e, por causa do seu brilho luminoso, os mestres nas dimensões sutis e supraconscientes facilitam o nosso encontro com tudo aquilo que nos leva a despertar definitivamente.

Somente quando ficamos conscientes do mestre interior, os mestres verdadeiros, não necessariamente encarnados num corpo físico, nos encontram e nos apontam direções a seguir.

No exercício da Parceria Interior, o mestre mais importante é a Alma; ela nos faz ver que tudo que buscamos e precisamos já está ao nosso alcance, mais perto que mãos e pés. Os mestres e instrutores externos que encontramos em nossa vida chegam até nós porque, no íntimo, a Alma já os atraiu magneticamente para nós. O mestre que pode nos ajudar a encontrar o caminho para o verdadeiro serviço e motivação essencial que anima a nossa vida está dentro de nós mesmos. E tudo isso acontece porque, antes de tudo, nós somos essa Alma; ela é a nossa verdadeira identidade.

Em todas as tradições religiosas e espirituais conhecidas e nas diferentes épocas e civilizações, o ser humano sempre buscou a orientação de alguém mais experiente. Quando reconhecemos que não podemos saber tudo e que há sempre algo novo a aprender, não importa quão experientes sejamos, abrimos as portas da nossa consciência para receber mais da fonte infinita de Amor e Sabedoria que vibra em nossa Alma e que está conectada com o Universo de Deus. A Alma é o ser mais experiente dentro de nós e que, ao se tornar mais luminosa, atrai os mestres de que precisamos para nos orientar e dissipar as brumas que pairam na nossa consciência. No mundo de hoje, o modelo de um mestre exterior, investido de sabedoria e autoridade inquestionáveis, é cada vez mais raro, embora seja cada vez maior o número de pessoas que precisa urgente e inegavelmente de orientação espiritual.

Os mestres de que precisamos, pela intercessão de nossa Alma, também podem chegar até nós simbolicamente de muitas maneiras: por meio da observação atenta de tudo o que existe na Natureza, do gesto de uma criança ou de uma palavra espontânea, do amor incondicional de um bichinho de estimação, de um sonho claro e motivador, das inúmeras sincronicidades observadas nas palavras de um amigo verdadeiro, de um livro inspirador ou de tantas outras infinitas oportunidades que a Alma nos oferece quando estamos atentos e sintonizados com a orientação que ilumina e cura. É evidente que, se encontramos um mestre encarnado que, embora humano e falível como nós, saiba nos orientar com seu amor e sua sabedoria, recebemos uma grande dádiva espiritual.

A Importância da Meditação

Uma das maneiras mais diretas e intransferíveis de encontrar o mestre dentro de nós mesmos é a meditação. Não é por acaso que, no mundo de hoje, a prática da meditação se tornou tão difundida. Qualquer indivíduo interessado poderá encontrar uma vasta bibliografia sobre o assunto. Há muitas formas e métodos de meditação, assim como há muitas escolas e tradições no Oriente e no Ocidente que ensinam como meditar. Talvez em algumas a palavra "meditação" seja trocada por um outro termo, mas o que existe em comum entre todos os métodos é a necessidade de nos voltarmos para dentro de nós mesmos e, em silêncio, prestar atenção, escutar, aquietar os ruídos e a tagarelice da mente, de modo que a luz da Alma possa ser vista ou sentida, e a sua voz e presença expressem o que precisamos saber.

Na prática da Parceria Interior, a meditação é de fundamental importância, pois ela cria espaços vazios na consciência, verdadeiros campos de auto-observação, mirantes onde nos posicionamos para prestar atenção ao que se passa na nossa mente ocupada. Sem a subjetividade de um espaço interior, no qual possamos nos recolher e imaginar criativamente todas as possibilidades de manifestar a divindade inerente na nossa humanidade, ficamos perdidos e sem contato com a nossa verdadeira razão de ser. Quando o ego ocupa todos os espaços da nossa consciência, o Eu Básico se torna ainda mais subconsciente e o Eu Superior parece uma realidade distante e impossível de ser realizada.

Meditação e silêncio interior são sinônimos da experiência que a Alma anseia por ver acontecer no nosso dia-a-dia. Para conhecer intimamente os nossos parceiros internos, precisamos ter um contato diário e constante com eles, e só a meditação ou o silêncio da observação atenta pode criar espaço para esse encontro. Quando nos aquietamos, no lugar e na posição mais cômoda para nós, de imediato experimentamos um alinhamento dos nossos corpos e níveis de consciência, e tudo começa a acontecer. O corpo físico se aquieta, com isso as emoções também se tranqüilizam (de outro modo nem conseguiríamos ficar sentados); resta então a mente, com os seus infinitos pensamentos, para cuidarmos. Parar a mente é impossível, mas observar, como uma testemunha imparcial, a maneira como ela funciona já é um começo de meditação. Quanto mais nos aquietamos, quanto mais aprendemos a observar, atentamente e em silêncio, o funcionamento desse mecanismo físico, emocional e mental, mais ampliamos a nossa percepção e mais capazes nos tornamos de compreender e vivenciar o que é a meditação.

Diante da vasta bibliografia que existe hoje sobre o assunto, não vamos nos estender demais sobre as várias maneiras de meditar, que diferem de acordo com a abordagem e tradição. Cada indivíduo saberá qual lhe apontará o caminho de menor resistência, de modo a criar o silêncio na mente e no coração. Os exercícios que apresentamos ao longo de todo este livro fazem parte de qualquer processo de meditação e, uma vez praticados, complementam naturalmente o processo de educar e silenciar a mente. Os nossos parceiros internos circulam livremente nos espaços silenciosos da mente e do coração e nos despertam para a nossa verdadeira realidade.

A Parceria com a Alma e a Liderança Grupal

A Alma é um centro de consciência não-localizado e irrestrito, que se sente parte integrante de tudo e está sempre consciente das interconexões do seu grupo. Mas a Alma não vê o trabalho em grupo da maneira como normalmente somos levados a pensar nesse assunto. A Alma está sempre vendo o todo de uma questão e sempre pode localizá-la num contexto ainda maior. Por exemplo, digamos que uma pessoa decida fazer uma viagem. Para o ego, essa viagem pode significar apenas um divertimento ou a realização de um desejo instigado pelos valores do meio em que vive. A sua Alma aproveita essa viagem para agir em grupo com outras almas e atrair situações que vão trazer significados mais profundos e, principalmente, fazer o indivíduo viver a sua verdadeira Vida. Como sua Alma está conectada com outras Almas e invisivelmente trabalhando em grupo, pode acontecer de essa pessoa encontrar no avião alguém que lhe fale de um livro que ela decida comprar. Esse livro contém algo que a pessoa buscava, traz instruções e informações precisas que ampliam a sua consciência e geram outros encontros e aberturas ainda maiores, graças aos novos contatos e atitudes que ela toma. E entrando na sintonia de tudo isso, novas situações e relações vão se criando e levando a pessoa, cada vez mais, na direção do seu propósito.

Uma história que pode ilustrar essas conexões feitas pelas Almas é a seguinte: Certo dia, um rapaz liga para uma amiga e pede a ela para ajudá-lo, pois está em pleno ataque de pânico por ter de pegar um avião no dia seguinte com os filhos. Diz que recorreu a ela porque tinha sido a primeira pessoa em quem pensou. A amiga, ao vê-lo tão desesperado, e com uma atitude muito diferente do habitual, pediu-lhe que ele viesse até sua casa. Assim que desligou o telefone, ela lembrou-se do nome de um médico neuropsiquiatra que uma pessoa lhe havia apresentado havia, no mínimo, 12 anos. O eu consciente achou a lembrança estranha, mas mesmo assim ela decidiu investigar. Ligou para a pessoa que havia lhe apresentado o tal médico, mas não a encontrou; decidiu, então, pesquisar na internet, pois se tratava de um médico renomado. Conseguiu o telefone dele e decidiu marcar uma consulta. Ao ligar para o médico, a secretária comentou que achava impossível haver uma consulta para o dia seguinte, mas, como tudo estava sendo conduzido pelas Almas dos envolvidos, a secretária, surpresa, disse que havia um horário livre às 9 horas da manhã do dia seguinte. A amiga também preparou um floral para o rapaz. Quando o rapaz chegou à sua casa, chorou muito e disse que só sairia dali se estivesse bem, pois estava até pensando em desmarcar a viagem. Ele também estava se sentindo muito mal porque eram as Bodas de Ouro de seus pais, e ele havia organizado tudo para que a festa acontecesse na casa dos pais, no sul do país. Quando ouviu a respeito do médico neuropsiquiatra, disse que só iria se a amiga fosse com ele. Apesar de todo o transtorno que isso acarretaria em sua vida, ela decidiu ir. No dia seguinte, ambos chegaram antes do horário. Ele disse que havia melhorado e tinha até pensado em não ir à consulta, mas ficou com vergonha e decidiu ir. O médico os chamou e ambos entraram no consultório. O medico logo foi aliviando a tensão do rapaz; disse que era, sim, um ataque de pânico, mas que ele ficaria bem com a medicação que lhe prescreveria. Saíram da consulta, mas algo aconteceu à amiga. Ela percebeu que aquele era o médico que ela procurava há anos, pois sentia que, por tudo o que havia passado, uma depressão havia se instalado em sua vida e ela já estava sem forças para lutar. Afinal ela sempre fora uma guerreira. Com sua intuição à flor da pele, despediu-se, sem dizer nada ao amigo. Entrou no carro e pensou: "Vou voltar ao consultório. Quem sabe ele pode me atender agora?" Procurou a secretária e, para sua surpresa, a paciente seguinte ainda não havia chegado. O médico pôde atendê-la e ela finalmente pôde ser acolhida e compreendida. Foi medicada e teve a certeza de que em breve voltaria a ser a pessoa que sempre tinha sido.

Se estivéssemos no lugar da Alma, vendo o desenrolar de todas as conexões que foram criadas, veríamos um imenso grupo de almas trabalhando juntas para fazer com que encontros, sincronicidades, descobertas, aprendizagens, epifanias e todo tipo de experiência necessária fossem se encadeando e envolvendo cada vez mais grupos e indivíduos, numa rede de conexões sem fim. Alguém que cancela um encontro, um vôo que atrasa (ou adianta), um encontro "casual", a lembrança de algo, pequenos atos e gestos que Almas em grupo conectam e a que dão pleno sentido. É por isso que se diz que a Alma trabalha em grupo — porque ela está consciente de todas as conexões vitais e fundamentais para que um Ser evolua na direção do propósito para o qual foi criado. Esse padrão só é interrompido quando a cegueira e o egoísmo humanos, por meio do livre-arbítrio, assumem proporções limitantes e se transformam na maior doença da humanidade, definida pelo budismo como *a roda da vida e da morte, que nos mergulha na ignorância e no sofrimento.*

A liderança grupal, tão característica das pessoas conscientes da Parceria Interior com a Alma, muitas vezes é confundida com um tipo de atitude que acaba se tornando contrária à essa liderança. Por não compreender que "grupal", nesse caso, significa consciência das infinitas conexões que determinam a realização de qualquer empreendimento, as pessoas acabam criando uma condição chamada "tirania do coletivo": todo mundo manda e ninguém segue ou obedece. Esse tipo de tirania é o que gera a síndrome das reuniões infindáveis e a impossibilidade de se chegar a um consenso, porque, em vez de procurar compreender quais as conexões e interdependências que as estão levando a fazer alguma coisa em conjunto, as pessoas estão mais preocupadas com o que cada um pensa e sente individualmente. Nesses casos, é quase impossível que um grupo consiga realizar alguma coisa em conjunto. É como se todos estivessem interessados em definir qual a forma que um vaso deve ter, sem levar em conta a sua finalidade.

Na prática da Parceria Interior, a pessoa que lidera com a Alma presta atenção ao que está emergindo no grupo para verificar se isso serve a um propósito comum. Ela percebe a sintonia que pode haver entre idéias semelhantes, que as faz convergir para criar algo que beneficia a todos, direta e indiretamente; ela silencia para perceber se alguém está propondo uma idéia que coincida com a dela e, por isso, manifesta o seu apoio e se alegra diante da sintonia que vai sendo criada. Os Eus Básicos de todos os envolvidos relaxam nesse clima de aceitação e positividade, e o que normalmente se vê é um alto nível de criatividade e bom humor. Os Anjos, por sua vez, facilitam a transmissão das mensagens intuitivas da Alma para o nível consciente, e a eficiência e a capacidade de realização de um grupo assim promovem um bem-estar geral, baseado na alegria de ser e servir.

A liderança grupal é a tradução de como a Alma atua magneticamente nas dimensões sutis, ou seja, em conexão com outras almas de seu grupo interior, para criar no mundo da manifestação as situações que geram o entendimento, a harmonia que transforma o conflito, e para atrair tudo aquilo que beneficie todos os envolvidos, numa aprendizagem que amplia e eleva a consciência. No curto prazo do ego pode até parecer que nem todos ficam satisfeitos, mas no médio e longo prazo que a Alma patrocina, as transformações se processam, e quem não compreendeu antes acaba percebendo que havia deixado de notar algo importante. As Almas se atraem graças às suas semelhanças e também às suas diferenças e singularidades, pois, num grupo, o mais interessante é que encontremos pessoas cujos talentos sejam complementares, para que o resultado seja o mais abrangente possível.

Na prática da Parceria Interior, podemos nos transformar em líderes intuitivos quando decidimos ouvir a orientação que vem da Alma para perceber qual a direção que a energia inteligente de um grupo está seguindo. Uma maneira bem prática de exercitar isso é descobrir qual pessoa do grupo a energia amorosa e inteligente da Alma está escolhendo para se expressar e depois se unir a ela e apoiá-la inteiramente, para que o fluxo não seja interrompido. A Alma não deseja aparecer. Ela quer se deixar transparecer na beleza de uma tarefa bem realizada. O indivíduo que encarna essa Alma sabe que o seu bem já está garantido e espalha a apreciação verdadeira, que está além do elogio e da bajulação.

A única parte do ser humano que pode não compreender o verdadeiro exercício da liderança grupal é um ego mal-amado, que ainda não aprendeu o real sentido de se viver em grupo. Aquele que sabe liderar não está preocupado em receber os créditos pela realização de algo; ele se realiza plenamente ao ver que o grupo está realizando alguma coisa que beneficie um todo maior. Talvez por isso os créditos acabem lhe sendo atribuídos naturalmente.

Quando a liderança da Alma está presente, há fluidez, leveza, disposição para fazer acontecer, respeito amoroso e muita clareza com relação a tudo que está sendo comunicado e realizado. Se o ego predomina em detrimento da expressão da Alma, acontece o oposto e, dificilmente, o grupo consegue realizar efetivamente alguma coisa. Liderar em grupo é perceber, com a luz da Alma, a rede infinita de interconexões que tornam a nossa vida possível neste planeta.

O Espírito Glorioso

A nossa Alma é um espírito glorioso e livre. É a Vida eterna do nosso Ser a nos inspirar continuamente, de modo a despertarmos para a nossa Realidade verdadeira. Todos os momentos em que ficamos conscientes dessa presença são preciosos.

Quando percebemos que a Alma é aquilo que somos, vemos que estamos num lugar seguro, onde somos nutridos pela Luz que preenche e vibra em cada átomo e célula do nosso Ser; é também quando temos a certeza de que o poder do Amor cura o que precisa ser curado, de dentro para fora, de fora para dentro, *ad infinitum*.

Cada instante de nossa vida aqui na Terra está protegido; só precisamos estar receptivos aos dons que vêm do Espírito, conscientes de que não podemos impedir o fluxo energético de Vida Abundante que o Anjo guarda e protege, e que Alma aguarda, até que a nossa escolha consciente seja crescer em amor e sabedoria para servir ao Plano Divino.

Para alguns de nós, talvez um suave toque seja o bastante para despertarmos do sono de eras no esquecimento de nossa verdadeira missão; para outros, um tropeço ou uma crise são as medidas necessárias para trazer essa importante revelação.

O importante é que, nesta época de acelerações e mudanças tão intensas, estejamos conscientes de que todos os parceiros internos conspiram a nosso favor, para que nos tornemos mestres de nosso próprio mundo interior e possamos trazer as dádivas de Luz e Amor para a Terra.

CAPÍTULO VI

O ANJO COMO PARCEIRO

O Anjo Guardião na Jornada Cósmica da Alma

Nos livros sagrados de todas as religiões do mundo, profetas, santos, místicos e evangelistas apresentam relatos sobre a experiência de estar diante de um Anjo que dá orientações ou traz alguma mensagem sobre uma missão futura, como um ser a serviço da Deus. Os Anjos estão em todas as partes do mundo, como símbolos alados de mensageiros da Divindade: no alto dos prédios, em monumentos consagrados, em esculturas antigas, em milhares de obras de arte pelas cidades e recantos de todo o mundo, mas nem sempre os notamos ou lhes atribuímos sentido. Seriam apenas representações alegóricas? Símbolos vazios? Ou será que nos esquecemos de ver, por trás dos símbolos, o seu verdadeiro significado? Será que estamos esquecidos da verdadeira motivação que nos levou ao primeiro movimento consciente de retratá-los, já que não são visíveis da mesma maneira que nós somos?

A presença dos Anjos é mais real e necessária do que nos contam os tratados e estudos sobre eles. Intuitivamente, a humanidade sempre soube que não está sozinha na jornada cósmica que a Alma humana empreendeu, desde que se tornou inconsciente de sua origem divina, para se manifestar nos campos da forma e da matéria. Nessa jornada, os Anjos são Seres Espirituais destinados a trabalhar cooperativamente com cada pessoa e, para cada um de nós, existe um parceiro Anjo que facilita o nosso nascimento na luz da Alma.

Quando nascemos no mundo material, nosso Eu Consciente, o parceiro que assume a nossa identidade física e corporal, passa por vários estágios de crescimento e evolução. O nosso ego, embora essencial na experiência

164

da humanidade deste planeta, pode vir a ser o grande empecilho na jornada de autoconhecimento. Por essa razão, cada um de nós vem para o mundo contando com a parceria amorosa e cooperativa de um Anjo. A distração, a desatenção e o esquecimento podem nos limitar; poderíamos dizer, como naquela conhecida canção da banda Titãs ("Epitáfio"), que o Anjo é o acaso que nos protege enquanto andamos distraídos.

Podemos dizer que esse acaso que nos protege quando andamos distraídos consiste no Reino Angélico. Os Anjos são *especialistas* em nos proteger de nossa "miopia" e em atrair o que, muitas vezes, chamamos de milagre. Eles trazem para a manifestação a graça divina, o inexplicável e aquelas experiências que, nós sabemos, não foram causadas por uma ação consciente da nossa parte.

A história a seguir ilustra um momento em que esse tipo de graça angelical opera em nossa vida. A graça tem sempre os Anjos como seus agentes. Quando o Eu Consciente se sente perdido e se entrega à providência divina, a graça pode operar por intermédio dela. Esse fenômeno é misterioso; não podemos avaliar os seus mecanismos, só sabemos que ele acontece. O Anjo, como parceiro, é o agente pelo qual essa dimensão do milagre atua em nossa vida.

Santo Inácio de Loyola — o soldado da fortuna

Quando tinha 35 anos, o soldado Inácio foi seriamente ferido na perna. Durante um ano, ficou em convalescença. Nesse período de recuperação, descobriu suas raízes espirituais e passou a pensar seriamente no seu futuro. Quando a perna ficou finalmente curada, ele selou seu jumento e saiu na direção do grande mosteiro medieval de Montserrat. Ali mesmo, naquele lugar, num gesto de entrega espiritual e mudança de perspectiva, ele decidiu deixar seu capacete, seu escudo e sua espada diante do altar da Virgem Maria. Então decidiu abandonar a carreira militar e ingressou na Universidade de Paris, onde passou o resto de seus dias trabalhando para ajudar os pobres.

Nesse dia predestinado, Inácio estava seguindo pela estrada, rumo a uma vida nova, quando outro viajante, também puxando um jumento, tomou a sua dianteira. O estranho começou a lhe contar que, embora recentemente convertido ao cristianismo, ele ainda tinha dúvidas quanto a certos dogmas e crenças cristãs. Inácio tentou resolver as dúvidas do homem, mas os seus argumentos não pareciam convincentes. Quanto mais Inácio discutia, mais inflamado ficava. Ficou tão fora de si, que o viajante, diante de suas atitudes, desculpou-se e disse que ia se encontrar com alguns amigos na taverna da cidade; saiu montado em seu jumento, o mais rápido possível, deixando Inácio indignado e enraivecido.

Assim, o soldado aposentado da fortuna montou o seu jumento e seguiu solitário, ainda com pensamentos obscuros e sentindo cada vez mais raiva do viajante questionador. De repente, ele chegou numa bifurcação. O caminho da direita levava a Montserrat e o da esquerda, à cidade, onde estava a taverna mais próxima.

Em seu coração de soldado, Inácio queria muito ir para a cidade, encontrar aquela taverna e cortar a garganta do estrangeiro. Então ele se lembrou de sua nova vida e de todas as suas boas intenções. "Que caminho devo tomar?" Ele estava tão tomado pelas emoções que não conseguiu decidir com clareza. Atirou as rédeas sobre a cabeça do jumento, sentou-se firme na sela e deixou que o jumento escolhesse a direção.

O dilema de Inácio parece ter sido resolvido com a ajuda do seu Anjo Guardião, pois, com toda aquela bagagem emocional pesada e confusa, ele estava impedido de escolher com clareza a melhor direção. O acaso o protegeu, por ele estar distraído com a sua raiva, com a sua velha identidade e com seus velhos hábitos. A graça agiu e o jumento, com as rédeas soltas, tomou a direção do caminho de Montserrat.

Uma outra maneira de olhar o Anjo é vê-lo como uma idéia divina dentro de nós, aquela que personifica a tomada de consciência de qualquer mensagem que venha do inconsciente profundo para nos transformar. Esse modo de ver o anjo nos permite abstrair e compreender o sentido da própria palavra "anjo", que significa mensageiro, ou seja, aquele que traz as mensagens pertinentes à nossa vida, a revelação de verdades que precisamos encarar, quando estamos prontos para evoluir e nos transformar. No entanto, nada garante que o Eu Consciente esteja preparado para percebê-las; ele pode escolher seguir a orientação, duvidar ou simplesmente desconsiderar a orientação angélica.

Nas tradições mais antigas, que agora são vistas e experimentadas através de filtros novos e mais amplos de nossa consciência, cada pessoa, animal, planta ou pedra tem o seu Anjo Guardião. O Anjo está sempre a nos dizer que existem poderes e mistérios no universo que estão além da experiência trivial e cotidiana à qual estamos mais acostumados. Ele não é condicionado pelos mecanismos perceptivos que a realidade material nos impõe. Só isso já deveria ser suficiente para abrirmos a mente e o coração e escolhermos o caminho que abre as portas para tão extraordinária parceria. Como os Anjos não podem interferir no livre-arbítrio humano, ou se contrapor a ele, precisamos reconhecê-los e invocá-los, dando-lhes permissão para nos conduzir através de nossas limitações perceptivas.

Geralmente, estamos mais perto e unidos com os nossos Anjos na infância. São comuns os relatos sobre crianças em momentos de proteção plena, em situações e acidentes que a razão humana não consegue explicar. Muitos passam até despercebidos pelos adultos, embora a criança tenha plena consciência deles. Como não existe ainda um Eu Consciente inteiramente formado, esses fatos são geralmente esquecidos, mas podem ser totalmente recuperados por meio da experiência de meditação, ou quando, mais tarde, o próprio Anjo os libera para nos transmitir mensagens e ensinamentos.

O nosso Anjo Guardião, que está sempre ao nosso lado, vai deixando de ser uma realidade para a maioria das pessoas, à medida que elas crescem e chegam à idade adulta. Enquanto a parceria entre o ego e a Alma não se estabelece conscientemente dentro de nós, o Anjo permanece na posição de guardião amoroso, que protege e orienta sutilmente, mas sem jamais interferir no nosso livre-arbítrio. Sua presença é a garantia da proteção espiritual quando estamos excessivamente centrados no ego e deixando de cumprir o nosso propósito espiritual. É muito comum que só venhamos a nos dar conta da proteção angélica anos depois, quando olhamos em perspectiva certos acontecimentos de nossa vida. Nossas tradições e culturas, durante os últimos séculos de mergulho no materialismo, têm desconsiderado, e tratado de modo supersticioso e leviano, essa faceta de nossa realidade maior e espiritual.

Como o ego, ou Eu Consciente, é uma instância do nosso ser geralmente localizada e não-multidimensionada, sua capacidade de ver o todo é sempre limitada, por isso requer que um centro de silêncio e de calma interior se manifeste. Isso depende muito da nossa conexão com o Anjo. Idéias conflitantes, opiniões, escolhas, sentimentos e pensamentos são as substâncias e os ingredientes usados pelo ego. O Anjo é o alquimista dentro de nós, que facilita a combinação equilibrada de substâncias opostas, porém complementares. Sua presença é o elemento da consciência humana que combina, equilibra e *tempera* os elementos humanos com os elementos divinos dentro de nós. O nosso temperamento e a *temperança* necessária em momentos de ebulição emocional deveriam ser o resultado da perfeita união de nossos aspectos humanos, egóicos, corporais com os aspectos divinos que estão preservados no cerne da nossa Alma ou Eu Superior.

O *Perdão* e a *paciência*, por exemplo, são duas qualidades ou virtudes da Alma que só atingem o ego em situações de emergência, pela intercessão do nosso parceiro Anjo. Enquanto não entendemos integralmente o sentido da transformação e não abrimos mão das experiências que precisam deixar de existir dentro de nós, aquelas que nos fazem esquecer o nosso sentimento de unidade com a vida, a virtude do perdão permanece latente e protegida na consciência do Anjo. Até que estejamos prontos para perdoar a nós mesmos e aos outros pelos erros que cometemos, o nosso Anjo guarda dentro dele a capacidade de perdoar que nos pertence. A falibilidade humana tem sido amplamente demonstrada e precisa ser humildemente aceita, como já exemplificaram os grandes mestres da humanidade. É desse modo que operamos as curas necessárias no corpo e no espírito e transcendemos a necessidade de **errar para aprender**.

A *paciência* é uma força ativa que nos ajuda a aceitar o nosso contínuo processo de crescimento e nos ensina a esperar o tempo certo para que tudo venha à luz. Enquanto o nosso ego não estiver preparado para ser paciente e perseverante, essa virtude fica disponível no ser do nosso Anjo.

Quando, em nosso livre-arbítrio, invocamos o nosso Anjo e optamos por mudar os padrões que nos impedem de ter qualidades como a paciência e o perdão (ou qualquer outra virtude latente em nossa Alma), apagamos definitivamente da nossa consciência a motivação pelo medo. Quando aceitamos a vibração de medo, é como se estivéssemos optando por nos desconectar das vibrações de Amor do nosso Anjo. Podemos mudar isso, a todo instante, no momento que quisermos. Invocar, orar, pedir a presença dos Anjos é tão eficaz e real quanto o próprio ato de respirar. Há sempre uma oração que podemos fazer, um pensamento positivo que podemos cultivar, uma atitude que naturalmente nos coloca em contato direto com o Reino

Angélico. Sempre que sentirmos que vibrações de medo nos rondam, podemos imediatamente chamar o parceiro Anjo:

Anjo de Deus, vem para perto de mim,
transforma este medo que não parece ter fim,
sei que estás comigo e tua presença me ilumina
cura-me do medo, no Amor da tua Luz divina.

Recitar versos como esses, ou qualquer outra oração que nos inspire, sinaliza a nossa opção de ficar na sintonia dos Anjos. Basta pedir e nos será dado. É a lei.

O Anjo está sempre atento a nós e ao nosso entorno. Eis uma história que ilustra a presença angélica:

Viajavam para o Rio de Janeiro três amigas, que, na época, lideravam uma instituição. Apesar da boa vontade de cada uma delas, não estavam se entendendo muito bem, pois havia sentimentos egóicos desagregadores entre elas, e nada podia ser feito quanto a isso. Durante a viagem, na serra das Araras, muito perigosa principalmente em dia de chuva fina, elas conversavam, um pouco tensas, quando, numa curva, a que estava dirigindo tentou desviar da mureta da estrada e acabou fazendo o veículo dar um cavalo-de-pau, um giro de quase 360 graus, e parar na pista oposta da estrada. O maior problema dessa serra é que, além de ter curvas perigosas, ela tem também um tráfego intenso, inclusive de caminhões e carretas. Naquele instante de perigo, em uníssono, as três amigas pediram ajuda para os Anjos de São Miguel Arcanjo e, por milagre, durante o tempo de que elas precisaram para colocar o carro na direção correta e se acalmarem um pouco, nenhum carro ou caminhão apareceu! Elas imediatamente atribuíram essa proteção aos Anjos. Essa experiência fez com que as três refletissem muito sobre tudo o que estavam fazendo, inclusive na maneira como estavam dirigindo a instituição.

Sabemos que há muitas histórias assim, como há vários livros que se dedicam a contá-las. Que tal, neste espaço a seguir, você deixar fluir sua história com os anjos? Quando contamos ou elaboramos as nossas experiências por escrito, elas se organizam e ganham um sentido mais profundo dentro de nós. Isso pode fazer bem a você e, conseqüentemente, à sua relação com o seu anjo:

O Anjo e o Nascimento na Luz

"O amor vibra rapidamente. O medo tem uma vibração lenta e pesada. Os que canalizam energias de medo notam que, com o passar do tempo, a vibração do medo torna-se pesada e deprimente. E, finalmente, causa sono, tristeza, falta de coragem, desespero. A vibração do amor traz entusiasmo, energia, interesse, percepção clara. E nesta era é disso que o mundo precisa: **do seu amor e da sua percepção clara**. Isso é o que curará o mundo — uma percepção clara e sem distorções, que não seja auto-reflexiva, no sentido egóico, mas auto-reflexiva, no sentido de quem está consciente do Deus dentro de si mesmo." (Os Anjos falando por meio de Ken Carey, no livro *O Retorno das Tribos-Pássaro*, pág. 124.)

Quando um bebê nasce, dizemos que a mãe o deu à luz, ou seja, a luz o está recebendo, porque ela permitiu que aquele pequeno ser fosse con-

cebido e crescesse no seu útero caloroso e escuro; é como se agora o bebê ficasse livre para receber a luz do Espírito e a do mundo material. Quando, porém, realmente nos damos conta de que nascemos para ser a luz do
Espírito no mundo? Quando podemos dizer que ficamos livres e nascidos
nessa luz?

No Novo Testamento, há uma conhecida frase dita por Jesus Cristo, re-
ferente a isso: "Vós sois a luz do mundo" (Mateus 5:14). Quando é que podemos dizer que somos essa luz, assim como afirmou o Cristo e talvez, de
uma maneira diferente, Buda, Maomé e outros seres humano-divinos que a
sentiram diretamente ?

O processo de nascer para a dimensão dessa luz, à qual se refere o Cristo, é o que explica e justifica a presença da humanidade neste lindo planeta
azul. Por que estaríamos aqui, senão para reconhecermos que somos parte
integral da Luz criadora de Deus?

Os Anjos se aproximam de nós para nos fazer despertar para as vibrações luminosas do Espírito, enquanto estamos encarnados e revestidos pela pele da nossa biologia humana. Quando esquecemos de quem somos,
eles nos lembram. Somos seres espirituais de luz vivendo uma experiência
no mundo material. Os Anjos querem que nos lembremos de que "somos a
luz do mundo".

Uma bela invocação, usada por um grupo chamado Os Servidores da
Luz, serve para nos lembrar dessa realidade. Ao fazê-la, em momentos de
silêncio e oração, ou quando decidimos afirmar nossa luminosa realidade,
estaremos nos ajudando a lembrar. Ei-la:

Eu sou um corpo de Luz
Eu acendo a Luz em mim e ao meu redor
Eu aciono as potencialidades cósmicas da Luz
Para que vibrem em cada ser
Eu sou a Luz (do mundo)
Eu sou a mais alta vibração de Luz
Eu sou Luz
Eu vibro na Luz
E permaneço na Luz por toda a eternidade.

Por causa da maneira como nos separamos de nossa realidade espiritual (a *queda* simbólica e ancestral) e por termos o dom do livre-arbítrio, os Anjos respeitam a escolha que fizemos de nos identificar mais com o nosso corpo material. A ausência da Luz em nossa consciência muitas vezes abre espaço para o medo. O corpo, que está a serviço do esplendor do Espírito que nos vivifica, pode servir de morada para um Eu Consciente, mas também para um Anjo, que pode temporariamente encarnar ali para iluminar a nossa consciência com as inspirações que a Alma quer nos transmitir.

A Encarnação dos Anjos

O Anjo é nosso parceiro voluntário até que não haja mais divisões entre o ego e a Alma. O costume de dizer que uma pessoa "foi um anjo", quando ela faz algum bem a outra ou considera todos os lados de uma questão ao tomar uma decisão, tem a sua razão de ser. Nesses momentos, o Anjo e o ser humano que somos estão encarnados num mesmo corpo. Quando o Anjo ocupa temporariamente, mesmo que por alguns instantes, o mesmo corpo que habitamos, é apenas para nos lembrar da nossa origem, para fazer com que o Eu Consciente desperte para a realidade espiritual e para que, a partir daí, possamos ver as conseqüências das nossas escolhas e o impacto positivo ou negativo da nossa presença no mundo.

Essa *encarnação* angélica não é necessariamente uma incorporação física, no tempo e no espaço, mas uma presença consciente que pode permear todos os sentidos humanos e levar o Eu Consciente da pessoa a perceber a realidade de um modo inteiramente novo. Um dos exemplos mais claros desse fenômeno está na obra de Ken Carey, principalmente nos livros *Transmissões da Estrela-Semente*[7] e *A Estrela-Semente — a Vida no Terceiro Milênio.*[8] Um outro exemplo importante do Reino Angélico encarnado na percepção de uma pessoa é de Dorothy McLean, uma das fundadoras da Comunidade de Findhorn e autora do livro *A Comunicação com os Anjos e Devas.*[9] Em ambos os casos, a percepção humana foi inteiramente expandi-

---

7. *Transmissões da Estrela-Semente*, Ken Carey, Editora Cultrix, SP, 1988.
8. *A Estrela-Semente — a Vida no Terceiro Milênio*, Ken Carey, Editora Cultrix, SP, 1991.
9. *A Comunicação com os Anjos e Devas*, Dorothy McLean, Editora Pensamento, SP, 1986.

da, e as vidas desses autores transformadas pela encarnação dos Anjos em suas vidas.

O Anjo é o parceiro que sempre está ao nosso lado para garantir que, independentemente das nossas experiências para esquecer quem realmente somos, ele vai estar sempre ao nosso lado para nos lembrar ou não nos deixar esquecer completamente. Ainda da obra de Ken Carey, *O Retorno das Tribos-Pássaro*, citamos mais um exemplo dessa relação entre o Reino Humano e o Reino Angélico, quando as presenças angélicas que ali se expressam afirmam: "Somos os seus espíritos à medida que estão livres da ilusão da matéria (*da ilusão de uma identidade centrada no ego, exclusivamente*). Nós não evoluímos (*não desenvolvemos corpos dentro da biologia terrestre*). Nós encarnamos".

O Anjo encarna no corpo humano no período da infância, anterior à formação do ego, nos momentos de extremo perigo ou de profunda inconsciência. Como no caso dos autores citados, ele também encarna na consciência da Alma, para transmitir o conhecimento e a sabedoria necessários.

O Reino Angélico quer que percebamos claramente que o corpo de matéria que estamos usando um dia deverá ser devolvido à fonte geral dos elementos que o compõem. A obra de engenharia genética que nos confere identidade humana um dia terá que ser devolvida, sem impurezas, ao Criador; e, como o Eu Consciente humano é o guardião dessa obra de engenharia e também da mente e do coração que ali vibram, são necessárias a cooperação e a parceria consciente com o Anjo para que o nosso propósito espiritual aqui na Terra se cumpra. Uma parceria espiritual se faz entre a consciência que encarna na matéria — o Eu Consciente — e o Guardião dessa consciência enquanto ela está encarnada — o Anjo. Isso torna possíveis as indagações: "Estou consciente de quê? Do meu ego simplesmente? Da minha forma? Da matéria que me reveste? O que sou eu?"

Enquanto estivermos esquecidos de nossa verdadeira realidade e identidade espiritual e da nossa unidade com o Espírito de Deus, os Anjos vão cumprir a sua tarefa de nos proteger de nós mesmos, ou seja, das nossas próprias limitações perceptivas.

Na verdade, na longa viagem de volta à nossa origem divina, os Anjos se fazem presente na nossa consciência para nos lembrar de quem somos, ou durante o período em que, frágeis e dependentes (crianças), ainda não podemos nos responsabilizar pelas nossas escolhas. O Anjo é, portanto, um parceiro a serviço da recuperação da nossa memória no eterno presente enquanto formos seres feitos de pó e de espírito, procedentes de uma única semente divina.

A presença dos Anjos, como parceiros e mensageiros interdimensionais, pode significar, se assim escolhermos, a gradual e consciente transformação de uma vida motivada pelo medo para uma vida motivada pelas vibrações do Amor. Somente quando despertamos para realidades espirituais mais inclusivas e abrangentes é que poderemos ir soltando e dissipando a motivação ancestral de quem teve de lutar para sobreviver num planeta ainda inóspito, há milhões de anos. Quando o Eu Consciente passa a sentir a abertura que escolheu conscientemente para seguir novos caminhos que levam ao Espírito, o Anjo começa a fazer com que sua presença seja sentida, ou percebida, numa parceria repleta de revelações.

Muitas pessoas dão um nome a esse Anjo e, inicialmente, o vêem como algo completamente à parte e diferente de si mesmos. Essa comunicação que aproxima o Eu Consciente do Anjo precisa continuar até que ela se aprofunde e se transforme em uma comunhão, em uma união e, finalmente, na encarnação do próprio Anjo. Esse é um processo que vem acontecendo com muitas e muitas pessoas, embora elas possam descrevê-lo ou falar sobre ele de maneiras diferentes.

Qualquer pessoa que escolha relaxar o seu sentido individual de eu, sem tentar reprimi-lo ou empurrá-lo para fora do caminho, simplesmente deixando as coisas mais leves, sem levar muito a sério a sua auto-imagem e idéias preconcebidas, tem a oportunidade de expandir a consciência para se perceber como um ser muito mais amplo e inclusivo. Esse sentido de eu, que fica muito associado ao corpo, é difícil de soltar. Mas, quando pedimos a ajuda do parceiro Anjo para realizar essa tarefa, atraímos experiências e começamos a ver que as vibrações do medo se dissolvem com mais facilidade.

Citamos, a seguir, uma experiência simples que demonstra a prática desse tipo de atitude na Parceria Interior:

Enquanto embarcava num avião, Celina teve um pensamento cheio de medo. Havia muita agitação entre os passageiros; o avião parecia estar lotado. Já acomodada em sua poltrona, pois chegara cedo para o *check-in*, um pensamento ganhou forma, vindo do nada e sem qualquer razão lógica, pois

Celina gostava muito de voar e o fazia com freqüência: "Será que devo descer? Desistir de embarcar?" Essa simples indagação gerou *stress*, pois ela sabia que já era esperada no aeroporto para um compromisso importante e conhecia os transtorno das conexões em terra, numa grande cidade. Como parte do teste, que incluía o pensamento e a vibração do medo, naquele mesmo instante um funcionário da empresa aérea pediu desculpas pelo excesso de passageiros e fez uma oferta especial e vantajosa para quem desistisse do vôo. Coincidência? Um sinal de sincronicidade? Naquele instante, Celina, que já praticava a Parceria Interior, decidiu respirar e se acalmar. Isso lhe deu o tempo a mais de que precisava para discernir o que realmente estava acontecendo em sua consciência. Invocou o seu parceiro Anjo e de imediato identificou a motivação medrosa por trás do pensamento. Poderia ser sua, poderia ser do coletivo, poderia estar circulando na mente da pessoa ao seu lado... No não-tempo que a calma oferece, ela teve tempo de pegar o pequeno livro chamado *Meditando com os Anjos*[10], que sempre carrega consigo, e nas duas páginas sincronicamente abertas viu e leu sobre o Anjo da Beleza. Foi como se a vibração de medo se descolasse dela. Celina lembrou-se de que a motivação que os Anjos inspiram nunca é baseada no medo. Ela teve tempo de saber que estava no lugar certo, na hora certa, no vôo certo. Dessa vez, não era ela, dentre os presentes, que estava sendo convidada a desistir do seu assento. Além disso, havia sinais ainda mais íntimos e pessoais de sua parceria com o Anjo, que só ela conhecia. Beleza, por exemplo, é uma palavra-chave ligada ao seu Anjo e parte essencial da afirmação de propósito de sua vida. O simples contato sincrônico com esses sinais foi suficiente para que ela soubesse interiormente qual a decisão a ser tomada. Foi o vôo mais belo, rápido e tranqüilo que ela jamais fez. Os ventos e os Anjos estavam a favor de uma decisão motivada pela beleza e pela fé na Parceria Interior.

Na obra de Ken Carey, há revelações muito importantes sobre a relação entre o Reino Angélico e o Reino Humano. Eis um trecho no qual encontramos inspiração para aprofundar essa relação: "Através das estrelas e das galáxias existe uma sabedoria comum entre todos os seres conscientes que a motivação pelo amor leva ao desenvolvimento do potencial verdadeiro;

---

10. *Meditando com os Anjos*, Sônia Café e Neide Innecco, Editora Pensamento, SP, 2003.

ela impulsiona a criação, enquanto que a motivação pelo medo detém, impede o desenvolvimento de qualquer potencial (...) Não existe guerra nas estrelas ou civilizações avançadas que instigam o medo em outras, além da experiência da civilização terrestre. Não existem civilizações avançadas que sejam motivadas pelo medo".

Um dos objetivos mais importantes da prática da Parceria Interior é compartilhar experiências que falem de nossa realidade espiritual, para irmos lembrando do nosso propósito na Terra. Quando o medo cessa, o amor surge naturalmente. Libertar-se do medo é uma das tarefas mais importantes a serem realizadas pela humanidade nessa etapa de seu desenvolvimento; e o Reino Angélico é o nosso maior aliado, quando abrimos o coração e a mente para tão extraordinária parceria.

O Anjo Como Guardião da Memória do Eterno

O Anjo dentro de nós é o parceiro que nos guia de encarnação em encarnação e preserva a nossa memória, de uma vida para outra, pois não temos condições de fazer isso sozinhos. A cada encarnação, somos o mesmo Espírito/Alma vivendo a experiência de ser uma pessoa diferente. O Anjo é o parceiro que tem a tarefa de guardar, em dimensões espirituais, a consciência do que ocorreu em vidas anteriores. A memória não é um fenômeno que ocorre no cérebro humano, mas uma realidade para o Anjo que lembra, por nós, de nossa trajetória na jornada cósmica, em esferas transpessoais da consciência.

Quando a nossa Alma vibra apenas em níveis espirituais, e está fora de um corpo material, participamos dos campos da memória do eterno no ser de Deus, o Absoluto. Não há divisões, sentido de separabilidade ou a consciência de um eu, assim como o experimentamos. Quando encarnamos, o Anjo imediatamente se faz necessário, como aliado numa jornada na qual o esquecimento é inevitável.

O conceito de Anjo da Guarda é a tradução de uma intuição ancestral que circula por toda a humanidade e que, antes de ser questionada pela ciência moderna com os seus métodos de observação (no que diz respeito a esses assuntos transcendentais), participava plenamente da constituição do Ser humano-divino que somos.

Se o subconsciente guarda a memória das experiências vividas no escopo de uma vida, o Anjo guarda a memória do eterno em nós, e a transmite ao ego por meio do subconsciente, o Eu Básico, sempre que isso se faz necessário. Enquanto houver o sentido de separação e a total inconsciência da existência da Alma, o Reino Angélico tem um papel importantíssimo junto ao Reino Humano. Isso pode levar vidas, bem ou mal vividas, não importam quais tenham sido nossas escolhas e o juízo de valor que tenhamos feito delas. O Anjo vai sempre guardar a substância eterna de tudo que faz sentido para o nosso despertar, o mesmo despertar que viveu Buda, Cristo e tantos outros seres humano-divinos que o mundo conheceu.

A visita de um Anjo, quando se tem muito pouca idade, é algo bem mais comum do que se imagina. O fato de um indivíduo lembrar-se ou não da experiência depende de fatores muito subjetivos, que a própria Alma já traz consigo quando decide encarnar, e da influência do meio no qual o indivíduo é educado. Na maioria das vezes, o meio não facilita o acesso à lembrança. Geralmente, quando a experiência e a lembrança dessa visita angélica é muito intensa, não há dogma religioso ou teoria científica que consiga afetar a certeza do encontro.

Quando essa experiência inabalável e direta com o Anjo não se ajusta ao que já foi estabelecido no campo das teorias, isso não nos abala, pois sabemos que o ocorrido está fora dos sistemas fechados que usamos para organizar e explicar a realidade. Esse tipo de experiência nos tira de tais sistemas, nos quais os Anjos não foram incluídos. Podemos dizer que, nos mitos de todos os povos, a menção a essa realidade transcendente está sempre presente e existe além do universo material e palpável.

Quando a nossa Alma encarna, ela aceita as limitações do sistema fechado da matéria, não para permanecer nele e achar que nada podemos fazer para mudar nosso destino, mas para dar o testemunho das potencialidades da divindade que vive na matéria. Para reencontrar sua integridade e transcender o ego, é preciso que o ser humano-divino se relacione com o seu parceiro Anjo, pois é dessa dimensão que vem a ajuda para lembrarmos quem realmente somos e restabelecermos a nossa energia divina, a nossa liberdade e a nossa existência em Deus.

O ser humano e o Anjo chegam juntos à Terra. Como o esquecimento é algo que acontece à medida que o ser humano se identifica com as vibrações da matéria terrestre, uma jornada heróica se faz necessária para que ele volte a se lembrar. Enquanto um encarna na matéria e gradativamente se esquece de sua origem divina, o outro o circunda com a consciência que se lembra de tudo. O homem e a mulher mergulhados na forma e o Anjo ao redor da forma compõem um todo inseparável: um vivifica a matéria com uma consciência individualizada, aquela que pode dizer "Eu sou" (a divindade); o outro protege esse eu que está à mercê do esquecimento.

Acreditamos que chegou a hora de nos levantarmos, sacudirmos a poeira dos séculos de inércia no esquecimento e darmos a volta por cima e por baixo, à frente e atrás, à nossa direita e à nossa esquerda, convidando o parceiro Anjo a encarnar junto conosco nessa jornada rumo ao Cosmos. E o que devemos realmente lembrar é que a matéria não é nem do homem nem do Anjo, a matéria é de Deus. Acender a Luz Divina, latente na matéria — eis a tarefa do ser humano. O Anjo é o seu aliado, é o guardião da memória, o Ser que não esqueceu de quem somos e que fica ao nosso lado até que lembremos definitivamente, para nunca mais esquecer. O Criador quer que todos os seus átomos, em todas as possíveis dimensões de vida, estejam conscientes e unificados num só *Corpo* e num só *Espírito*. Por isso o ser humano encarnou dentro da forma: para que TUDO no Universo pudesse, finalmente, lembrar e participar do Ser de Deus.

Quando a Alma, o Anjo e a Consciência se encontram e se integram num vasto campo de Luz e Amor, podemos dizer que, juntos, formam um novo eixo, que transcende os limites da forma; uma verdadeira transfiguração se processa, fazendo nascer um indivíduo humano-divino consciente de sua imortalidade.

Há uma história na qual os pais de uma menina de 5 anos a observam numa conversa secreta com o seu irmãozinho recém-nascido. Nessa conversa, ela pedia ao irmão para que lhe contasse sobre a realidade de estar perto dos Anjos, pois ela já estava *começando a se esquecer*. As crianças do Novo Mundo já nasceram. Elas estão muito mais aptas a lembrar de sua origem divina que as gerações que as precederam. Cabe aos adultos a tarefa de prestar atenção ao que elas estão trazendo e apoiá-las em suas descobertas, sem impor os limites de um sistema fechado à Sabedoria e ao Amor da Alma. Acreditamos que está na hora de relembrarmos do quanto precisamos do nosso parceiro Anjo, não importa a nossa idade, nem o grau do nosso esquecimento.

No *Livro Egípcio dos Mortos*, afirma-se que uma Alma cruza um portal, além da vida e da morte, que a leva para junto de Deus com a finalidade de que se transforme numa "estrela viva" e consciente de sua imortalidade. Espírito e matéria se unem conscientemente para criar o corpo luminoso, feito de partículas de Sabedoria e ondas de Amor, no qual viverá eternamente a Criança Humano-Divina.

Que a prática da Parceria Interior seja um ponto de partida para que cada um de nós comece a se conhecer cada vez melhor, de modo que *estrelas saibam mais sobre outras estrelas*, por nosso intermédio.

A PARCERIA INTERIOR NUMA SIMULTANEIDADE FUNCIONAL E SISTÊMICA

O quadro abaixo tem a intenção de mostrar como a Parceria Interior funciona e o que pode estar acontecendo com cada um dos parceiros, a partir de uma indagação do Eu Consciente. Por meio da imaginação, é possível fazer uma idéia de como cada parceiro se relaciona com o questionamento do Eu Consciente.

EU CONSCIENTE	Qual o meu propósito? Por que estou aqui? Para onde vou? O que faço agora? O que é melhor para mim agora?
ALMA/EU ESPIRITUAL	Eu sou a sua verdadeira "face". Estou vendo a amplitude do caminho e há sempre muitas direções e possibilidades a considerar. Diante disso, saiba que a minha capacidade de criar e transformar é infinita. Preste atenção aos meus sinais. Siga-os. Escute minha orientação, pois sou o Amor que a ama, incondicionalmente. No eterno presente desta jornada e considerando o bem de tudo e de todos agora, o Norte é a melhor direção.
EU BÁSICO	Respire fundo, relaxe, alimente-me corretamente. Fale comigo com clareza, pois já sei o que você sente antes de sentir. Instrua-me sobre os hábitos e padrões que quer mudar, mas seja coerente, pois leio nas entrelinhas as suas verdadeiras intenções. Inspire-me com atitudes positivas e serei sempre o seu fiel parceiro, sempre ao seu lado, para o que der e vier, enquanto vamos para o Norte.
CRIANÇA INTERIOR	O que é o Norte? Deve ser a melhor direção. Confio na sua decisão e apoio. Eu sou alegria, espontaneidade e me entrego ao momento presente com perfeição. Se você está comigo, se me ama e cuida bem de mim, eu sempre vou ser cooperativa, divertida e trarei a energia de que precisa para você seguir a sua jornada.
ANJO	Se eu fosse você, tomaria, sem hesitar, a direção Norte. Confie, solte-se, vá em frente e o protegerei de suas próprias imperfeições, inspirando-lhe as melhores qualidades, dissolvendo, com o meu Amor, o seu medo de ser. Você pode me chamar de "acaso", que o protege quando você está distraído ou esquecido de sua essência humano-divina.

EPÍLOGO

Nas tradições alquímicas que tratam da transformação da consciência humana, existe um processo da separação para decompor os elementos de uma determinada realidade, de modo que possam ser analisados. A Parceria Interior propõe esse mesmo processo em relação aos elementos da nossa natureza humano-divina. Inicialmente, esses elementos, que compõem a totalidade da nossa consciência, estão num estado de indiferenciação, como num caos primordial, à espera de serem distinguidos e separados pela sabedoria do Espírito de Vida. Esse é um pré-requisito para a subseqüente integração. Essa **integração** é o que buscamos, ao conversarmos com os nossos parceiros internos.

Assim como podemos dizer que a luz física tem um aspecto partícula e um aspecto onda, também podemos dizer que a luz da nossa consciência pode se manifestar de modo consciente e inconsciente. Numa analogia, poderíamos dizer que a luz do Sol, que não desaparece totalmente à noite, é a nossa parte consciente; e a luz da Lua, que pode ser visível durante o dia, é a nossa parte inconsciente. E não só a luz do Sol e da Lua nos influenciam intemporalmente, mas todos os sistemas solares e todas as galáxias do universo manifestado.

Do mesmo modo, também podemos dizer que a prática da Parceria Interior envolve a percepção das dimensões (eu consciente, eu básico, Alma, etc.) que a consciência utiliza para se manifestar. A consciência é uma só, mas como a luz branca, ela se desdobra em cores e simultaneamente abarca e une opostos que se complementam, interligando estados e níveis que parecem se multiplicar. Isso acontece até que tenhamos resolvido curar as divisões que fragmentam a nossa percepção da Realidade. Se hoje, neste mundo em que vivemos, não percebermos que os parceiros internos estão sempre nos apoiando para que despertemos para essa "Unidade", vamos nos sentir muito desprotegidos.

A prática da Parceria Interior, e o contato sistemático com ela, exige de nós um estado de vigilância intensa; uma determinação apaixonada para prestar atenção ao que se passa nos ilimitados campos da consciência humano-divina, e a decisão de viver multidimensionalmente. Esse estado expansivo de consciência poderia, talvez, ser comparado ao que os alquimistas chamavam da experiência psicológica da pedra filosofal. Luz e escuridão, mercúrio e chumbo, consciência e inconsciência, Alma e ego se correlacionam para nos levar a estados que transcendem a dualidade e nos possibilitam uma vida de consciência plena, característica dos que despertaram verdadeiramente. Quem sabe, sejamos capazes de viver, de noite e de dia, dormindo ou acordados, o sonho lúcido que Deus desejou para cada um de nós? Quem sabe a lucidez de que necessitamos venha da loucura de nos arriscarmos na eterna aventura do autoconhecimento que liberta e ilumina?

Que os nossos parceiros internos estejam sempre conosco, na aventura magnificente de voltar para Casa.

Boa jornada!